高等职业教育农产品系列规划教材

农产品物流

主 编 刘厚钧 王贺霞

西北工业大学出版社
西 安

图书在版编目（CIP）数据

农产品物流 / 刘厚钧，王贺霞主编. —西安：西北工业大学出版社，2019.8（2024.8重印）
　ISBN 978-7-5612-6527-7

　Ⅰ.①农… Ⅱ.①刘… ②王… Ⅲ.①农产品-物流-研究 Ⅳ.①F724.72

中国版本图书馆CIP数据核字（2019）第181161号

NONGCHANPIN WULIU
农 产 品 物 流

责任编辑：杨　睿		策划编辑：付高明	
责任校对：王瑞霞		装帧设计：李　飞	
出版发行：西北工业大学出版社			
通信地址：西安市友谊西路127号		邮编：710072	
电　　话：(029) 88491757，88493844			
网　　址：www.nwpup.com			
印刷　者：西安五星印刷有限公司			
开　　本：787 mm×1 092 mm		1/16	
印　　张：9.125			
字　　数：189千字			
版　　次：2019年9月第1版		2024年8月第7次印刷	
定　　价：28.00元			

如有印装问题请与出版社联系调换

前　言

农产品物流关乎国计民生，是百姓的生命线，在国民经济发展中举足轻重。"互联网+物流"是农产品物流业的发展方向，会带给农产品物流业新机遇、新挑战，促使农产品物流业的变革与转型升级，使我国农产品物流模式呈现多元化的特征，为提高物流效率、降低流通成本，起到了积极的推动作用，《农产品物流》就是在此背景下编写的。在内容编排上，本书做了以下创新。

1. 培养内容的创新

为了体现"互联网+物流"的农产品物流业发展方向，本书增加了"农产品物流信息系统""互联网+"模式下农产品新型物流模式和"农产品电子商务物流"等内容，以此展现推动互联网、大数据、云计算等信息技术与物流的融合，推动物流业转型升级，创造新的农产品物流价值。

2. 培养模式的创新

为了体现高等职业教育工作过程导向的技能型课程模式，本书创立了"分析××农产品物流公司物流管理"工学结合团队项目任务化实践培养模式，改变了传统的由教师依据每章内容主观设计实训内容和方式的做法；改变了课后主观设计实训内容和方式，采取课前按照物流岗位工作内容和工作任务整体设计实训内容和方式，与学习内容同步进行；改变了传统实训方式"空对空"（虚）缺乏针对性、实践性的做法。

3. 编写方法的创新

（1）本书采用项目任务化编写体例，设计10个项目，每个项目包括农产品知识目标和农产品能力目标。相对应的设计项目目标检测，包括农产品物流知识目标检测和农产品物流能力目标检测。

（2）为了便于学生学习，本书设计了"实用链接"栏目，增加了知识性、趣味性和拓展性。

本书由刘厚钧、王贺霞担任主编，王晓蕊、杨智慧、王静担任副主编。刘厚钧负责课程的整体设计及本书的修改，并创立了"分析××农产品物流公司物流管理"工学结合团队项目任务化实践培养模式。王贺霞参与了本书编写内容的设计。王贺霞编写项目4，5，10；王晓蕊编写项目3，7；杨智慧编写项目1，9；王静编写项目2，6，8。

编写本书曾参阅了相关文献、资料，在此，谨向其作者深表谢意。

本书不仅可作为高等职业教育和农产品物流企业培训教材，也可供相关人员自学参考。

刘厚钧

2019年3月

目 录

项目1 农产品物流

任务1 **农产品物流的概念与特征** …………………………………………… 002

  1.1.1 农产品物流的概念 ………………………………………… 002

  1.1.2 农产品物流的特征 ………………………………………… 003

任务2 **农产品物流的分类** …………………………………………………… 006

  1.2.1 根据农产品物流系统的性质划分 ………………………… 006

  1.2.2 根据农产品物流系统的空间范围划分 …………………… 006

  1.2.3 根据农产品物流组织角度划分 …………………………… 007

  1.2.4 根据农产品物流在供应链中的作用划分 ………………… 007

  1.2.5 根据物流的具体对象划分 ………………………………… 008

  1.2.6 根据物流储运条件的不同划分 …………………………… 009

项目2 农产品物流系统

任务1 **农产品物流系统** ……………………………………………………… 014

  2.1.1 农产品物流系统的概念 …………………………………… 014

  2.1.2 农产品物流系统的基本要素 ……………………………… 014

  2.1.3 农产品物流系统的特征 …………………………………… 016

  2.1.4 农产品物流系统的目标 …………………………………… 017

  2.1.5 农产品物流系统的结构 …………………………………… 018

| 任务2 | 农产品物流系统的建设 | 019 |

2.2.1　农产品物流组织体系建设　019

2.2.2　农产品物流标准体系建设　020

2.2.3　农产品物流政策体系建设　021

2.2.4　农产品物流人才培养　023

| 任务3 | 农产品物流系统评价指标体系 | 023 |

2.3.1　农产品物流系统评价指标体系的构建原则　023

2.3.2　农产品物流系统评价指标体系的构建　024

项目3　农产品包装与流通加工

| 任务1 | 农产品包装 | 028 |

3.1.1　农产品包装的概念与功能　028

3.1.2　农产品包装的基本要求　028

3.1.3　农产品的包装技术　029

3.1.4　农产品包装的运作流程　030

3.1.5　农产品包装的发展趋势　033

| 任务2 | 农产品流通加工 | 035 |

3.2.1　农产品流通加工的概念　035

3.2.2　农产品流通加工的主要方式　035

项目4　农产品配运

| 任务1 | 农产品运输 | 042 |

4.1.1　农产品运输的概念　042

4.1.2　农产品运输方式及特点　042

4.1.3　农产品运输合理化　048

| 任务2 | 农产品配送 | 051 |

4.2.1　农产品配送的概念与特点　051

4.2.2　农产品配送的形式　053

4.2.3 农产品配送的基本作业环节 ……………………………………… 054

项目5　农产品仓储

任务1　农产品仓储 ……………………………………………………………… 059

　　5.1.1 农产品仓储的概念 ……………………………………………………… 059

　　5.1.2 农产品仓储的作用 ……………………………………………………… 059

　　5.1.3 农产品仓储的分类 ……………………………………………………… 060

任务2　农产品仓储管理 ………………………………………………………… 061

　　5.2.1 农产品仓储管理的原则 ………………………………………………… 061

　　5.2.2 农产品储存管理 ………………………………………………………… 062

　　5.2.3 农产品仓储保管的方法 ………………………………………………… 062

项目6　农产品物流信息系统

任务1　农产品物流信息系统 …………………………………………………… 067

　　6.1.1 农产品物流信息的概念 ………………………………………………… 067

　　6.1.2 农产品物流信息的特征 ………………………………………………… 067

　　6.1.3 农产品物流信息的分类 ………………………………………………… 068

　　6.1.4 农产品物流信息系统 …………………………………………………… 068

　　6.1.5 农产品物流信息系统的功能 …………………………………………… 070

任务2　农产品物流信息技术 …………………………………………………… 071

　　6.2.1 自动识别与数据采集技术 ……………………………………………… 071

　　6.2.2 销售点信息管理系统 …………………………………………………… 074

　　6.2.3 电子订货系统 …………………………………………………………… 075

　　6.2.4 全球定位系统 …………………………………………………………… 075

　　6.2.5 地理信息系统 …………………………………………………………… 076

　　6.2.6 计算机辅助订货系统 …………………………………………………… 077

项目7　农产品物流运作模式

任务1　农产品物流模式 ………………………………………………………… 082

　　7.1.1 批发市场物流模式 ……………………………………………………… 082

  7.1.2 流通企业物流模式 ·················· 082

  7.1.3 加工企业物流模式 ·················· 083

  7.1.4 农产品物流园区模式 ················ 083

  7.1.5 农业流通枢纽港模式 ················ 084

任务2 农产品第三方物流模式 ·················· 084

  7.2.1 农产品第三方物流模式的概念 ············ 085

  7.2.2 农产品第三方物流模式的特点 ············ 085

  7.2.3 农产品第三方物流的应用模式 ············ 086

任务3 "互联网+"模式下农产品新型物流模式 ·········· 087

  7.3.1 "互联网+"模式下的农产品物流模式 ········ 088

  7.3.2 "互联网+"模式下的农产品物流模式建设 ······ 091

项目8 农产品电子商务物流

任务1 农产品电子商务 ····················· 094

  8.1.1 农产品电子商务的概念 ··············· 094

  8.1.2 农产品电子商务的构成要素 ············· 094

任务2 农产品电子商务物流 ··················· 097

  8.2.1 农产品电子商务物流的特点 ············· 097

  8.2.2 农产品电子商务物流存在的问题 ··········· 098

  8.2.3 农产品电子商务物流模式 ·············· 100

项目9 农产品绿色物流

任务1 农产品绿色物流 ····················· 105

  9.1.1 农产品绿色物流的概念 ··············· 105

  9.1.2 农产品绿色物流的内容 ··············· 105

  9.1.3 农产品绿色物流的价值 ··············· 106

任务2 农产品绿色物流的管理 ·················· 107

  9.2.1 农产品绿色物流管理的内容 ············· 107

  9.2.2 农产品绿色物流管理存在的问题 ··········· 109

9.2.3　农产品绿色物流管理的路径 …………………………………………… 112

项目10　农产品冷链物流

任务1　农产品冷链物流 ……………………………………………………………… 117
　10.1.1　农产品冷链物流的概念 ……………………………………………… 117
　10.1.2　农产品冷链物流的适用范围 ………………………………………… 118
　10.1.3．冷链物流的特点 ………………………………………………………… 118
　10.1.4　农产品冷链的构成 ……………………………………………………… 119
　10.1.5　农产品冷链物流的主要模式 ………………………………………… 120

任务2　果蔬冷链物流 …………………………………………………………………… 121
　10.2.1　蔬菜分类 …………………………………………………………………… 121
　10.2.2　水果分类 …………………………………………………………………… 122
　10.2.3　果蔬冷链物流流程 ……………………………………………………… 122

任务3　肉类冷链物流 …………………………………………………………………… 124
　10.3.1　肉类分类 …………………………………………………………………… 124
　10.3.2　肉类冷链物流流程 ……………………………………………………… 125
　10.3.3　肉的解冻 …………………………………………………………………… 125

任务4　水产品冷链物流 ………………………………………………………………… 126
　10.4.1　海水产品分类 ……………………………………………………………… 126
　10.4.2　淡水产品分类 ……………………………………………………………… 126
　10.4.3　水产品冷链物流流程 …………………………………………………… 127

任务5　农产品冷链物流质量管理 …………………………………………………… 128
　10.5.1　物流质量的内容 ………………………………………………………… 128
　10.5.2　物流质量管理的特点 …………………………………………………… 129
　10.5.3　物流质量管理的要求 …………………………………………………… 129
　10.5.4　农产品冷链物流全过程的质量管理 ………………………………… 130
　10.5.5　农产品冷链物流的发展趋势 ………………………………………… 131

参考文献 ………………………………………………………………………………………… 135

项目1　农产品物流

项目目标

知识目标

掌握农产品物流的概念、特征及类型。

能力目标

能够运用农产品物流基本知识,对农产品物流企业管理现状进行分析。

项目导入案例

农副航母——河南万邦国际农产品物流园

河南万邦国际农产品物流园位于郑州市南三环东沿线万洪路两侧,是一个以农产品集散、展销、交易为一体的大型现代化农产品物流中心,总投资100亿元,总规划占地面积5 300亩,涵盖蔬菜、果品、水产海鲜冻品、粮油、花卉、肉蛋禽、干货、副食、茶叶、农资、冷藏保鲜和综合配送等12个交易区,共分三期建设,并已完工投入运营。目前,该物流园拥有固定商户2万多家,流动商户2万多户,实现农产品年交易量200万吨,年交易额500亿元,是目前全国规模最大的农产品交易、储备、调控中心之一,其农产品交易覆盖全国各地,交易价格也成为中国农产品价格的风向标。

在商务部,河南省、市、县各级领导的大力支持下,河南万邦国际农产品物流园加快发展,是中部地区最具影响力的国家级农产品大型集散批发市场,承担着全国农产品物流枢纽重要节点功能。经过几年的努力,目前,河南万邦国际农产品物流园已成为全国性骨干农产品批发集散地、农业部定点市场、农业产业化国家级重点龙头企业、国家农产品现代流通综合试点单位、全国农产品批发综合十强市场和蔬菜类十强市场,并荣获"郑州市政府年交易额上百亿元、纳税上千万元农产品流通企业"等荣誉。河南万邦国际农产品物流园能取得今天的成绩,离不开各级政府的大力支持。万邦人将以此为动力,进一步为促进农产品大流通,稳定产销关系,解决"卖难买贵",发展农村经济,促进农民增收,解决"三农"问题,保障市场供应,丰富和改善人民群众生活发挥重要作用。

(资料来源:http://www.wbncp.com/Market.aspx?Type=1)

> **辩证性思考**
>
> 根据案例，分析发展农产品物流对新农村经济发展的意义。

任务1　农产品物流的概念与特征

1.1.1　农产品物流的概念

1. 农产品物流的含义

农产品物流是物流业的一个分支。农产品物流是指为了满足用户的需求，实现农产品价值而进行的农产品物质实体及相关信息从生产者到消费者之间的物理性流动。

农产品物流是以农业产出物为对象，通过对农产品产后加工、包装、储存、运输和配送等物流环节，实现农产品保值、增值，最终送到消费者手中的活动。农产品物流的发展目标是节约流通费用，增加农产品的附加值，提高流通效率，降低不必要的物流损耗，从而规避市场风险。农产品物流的方向主要是从农村到城市，其原因是商品化农产品的主要消费群体是在城市。

> **实用链接**
>
> 我国是农产品生产大国，更是农产品消费大国。尽管我国人口仅占世界人口的18.7%，但我国猪肉消费量占据世界猪肉消费量的50.0%，蔬菜消费量占世界的49.7%，鱼类及海鲜消费量占世界的34.4%。截至2016年底，我国农产品批发市场已超过4 400家，其中年交易额亿元以上的市场1 671家，全国有各类农贸市场2.7万个；2016年全国农产品批发市场交易额达4.7万亿元，同比增长8.8%，交易量达8.5亿吨，同比增长5.1%。2017年，中国农产品物流总额为3.7万亿元。近年来，中国农产品物流总额呈逐年递增趋势。

2. 农产品物流与其相关概念的比较

（1）农产品物流与农业物流。农业物流是指从农业生产资料的采购、农业生产的组织到农产品的加工、储运、分销等，实现从生产地到消费地，从生产者到消费者过程中所形成的物质流动。而农产品物流是指为了满足用户的需求，实现农产品价值而进行的农产品物质实体及相关信息从生产者到消费者之间的物理性流动。它的运作客体是脱离生产领域的农产品，因此，从概念上来讲，农产品物流只是农业物流重要的组成部分。

（2）农产品物流与农产品流通。农产品流通是由农产品从生产领域向消费领域转移过程中的商品的价值运动，使用价值运动及与之相关的信息流动组成的运动过程，包括商流、物流、资金流和信息流。

1）"商流"是商品在购销交易过程中的商品价值形式的变化和商品所有权的转移，又称为商品流通，在生产者和消费者之间起着纽带作用。商流不仅可以使生产者和消费者实现分离，同时又使双方实现了各自的目的，其内容包括商品买卖活动及其相关的各种信息情报，如业务洽谈、订货、签约、成交、计价、结算、付款和服务等。

2）"物流"是商品在买卖过程中使用价值的转移，具体表现为商品运输、储存、加工、整理、分级和质量检验、包装、装卸等商品的实体运动。它改变了商品的空间位置和外表形态，是生产过程在流通过程的继续，因而又叫实体配送或货物流通。

3）"资金流"主要是指伴随着商流运动过程的资金的转移，包括付款、转账等。

4）"信息流"是商品在空间和时间上同一方向运动过程中的一组信息，具有共同的信息源和信息接收者，即由一个信息源向信息接收者传递全部信息的集合。它具体包括了解和掌握市场需求的农产品品种、数量、规格、质量、价格以及消费者消费结构变化状况。

因此，农产品物流不等同于农产品流通，两者的内涵和所涵盖的领域有着较大的区别。农产品流通是个综合性概念，是商流、物流、资金流和信息流的综合统一体，缺少任何一个部分都不能称为农产品流通。而农产品物流是农产品流通的一个重要组成部分，也是农产品流通的重要物质支柱，没有物质实体流动的农产品流通毫无意义。

（3）农产品物流与农产品储运。农产品物流也不等同于农产品储运。农产品储运一般包括仓储和运输，是农产品物流环节中某几个不相关联的活动。而农产品物流除了包括储存和运输活动外，还包括包装、装卸、流通加工及信息活动，储运仅仅是物流活动的构成要素之一。

可见，农产品物流是一个系统工程，是将农产品从生产者到消费者之间的各个环节集成一个系统，强调系统的协调性和环节间的配套服务，从而构成一个有机整体。因此，我们不能简单地把农产品物流看成是农产品储运，农产品储运只不过是农产品物流系统中一个非常重要的子系统。

1.1.2 农产品物流的特征

相对于工业而言，农业是自然再生产和经济再生产交织在一起的再生产过程。农产品的生产、流通有时不受人力因素的控制，再加上许多农产品是人们生活的必需品，需求弹性小，基于这些特殊的性能，使农产品物流的特征明显不同于工业品的特征。

1. 农产品物流的数量大且品种多

广义上的农业不仅包括种植业，还包括林业、畜牧业、副业和渔业等。不论是粮食作物、经济作物还是畜牧产品和水产品，除了部分农民自用外，其余大都转化为商品，商品率很高，它们不仅可直接满足人们的生活需要，而且还向食品工业、轻纺工业、化工工业提供原料。因此，农产品物流的需求量大，范围广，物流量大，这就要对农产品进行空间范围的合理布局和规划。

农产品生产受自然条件制约较大，各地因气候、土壤、降水等情况的不同，在农产品种植上适宜不同的品种，因此，农产品品种也较多。如果某一地区不顾自然条件，盲目种植，其产量和质量均比适宜的地区低得多。这样的农产品就可能会较长时间地储存于仓库，从而对农产品物流的畅通形成障碍。

2. 农产品物流的运作具有相对独立性

农产品自身的生化特性和特殊重要性决定了它在基础设施、仓储条件、运输工具、技术手段等方面具有相对独立的特性。在农产品储运过程中，为使农产品的使用价值得到保证，需采取低温、防潮、烘干、防虫害等一系列技术措施。这并不完全是交通部门和其他部门都能做到的，它要求有配套的硬件设施，包括专门设立的仓库、输送设备、专用码头、专用运输工具以及装卸设备等等。此外，农产品物流中的发、收以及中转环节都需要进行严格的质量控制，以确保农产品品质达到规定要求，这是其他许多商品所不具备的。另外，农产品流通加工技术和物流各环节的信息处理技术也是制约农产品物流发展的重要因素之一。

3. 加工增值是农产品物流的重要内容

农产品不同于工业品的最大特点在于农产品的加工增值和副产品的综合利用。这部分价值是在农产品离开生产领域后，通过深加工和精加工，延长产品链而实现的增值。因此，农产品加工是农产品物流中一个不可缺少的重要组成部分，如粮食深加工和精加工、畜牧产品加工、水果加工和水产品加工等，具体包括研磨、抛光、色选、细分、干燥、规格化等生产性加工和价值贴付、单元化和商品组合等促销加工，以使农产品流通能顺利进行。

一般来说，农产品物流增值环节主要包括以下四方面：

◇ 农产品分类与分类包装增值服务；
◇ 农产品适度加工后小包装增值服务；
◇ 农产品社区配送增值服务；
◇ 特种农产品运输、仓储与管理增值服务。

4. 农产品物流的风险大

（1）农产品生产的分散性、季节性，使得农产品物流的风险增大。农产品生产和消费点的分散性，使得农产品的运输和装卸也具有复杂性，通常至少需要两个以上的储存点和装卸工作，单位产品运输损耗的社会劳动较大。农产品生产的季节性也使得农产品运输具有时间性强和不均衡性等特点。农产品的收获季节是其运输量较大的时期，在其他时间则运输量就小得多，因此，要科学、合理地规划农产品物流的流向，使运输工具的配备和调动与之相适应，避免对流、倒流、迂回等不合理运输现象。

（2）农产品物流对物流设施的要求特别高。农产品不同于工业品，大部分是有机物，是有生命的动物性与植物性产品，易腐烂变质，在农产品物流中的各环节都需要进行严格的质量控制，以确保农产品质量。如粮食的散装运输、水产品的冷冻运输、分割肉的冷藏运输、牛奶等制品的恒温运输等。这些都对农产品的运输、包装、加工等提出了更高的要求。

（3）农产品生产点多面广，消费地点分散。由于物流基础设施落后，市场信息更加分散，这使得人们难以全面把握市场信息，容易造成供给不适应需求的状况。由于农作物有生长过程，牲畜亦需经过发育成长期，故农产品生产受季节性限制明显，难以连续不断地生产。因此，农产品的供给不会因农产品价格的高低在短期内有所增减，故导致市场价格波动范围大。

（4）过大的流通风险会降低物流经营者的预期利润。这样，往往会使经营者采取短期的机会主义行为，不利于形成有序的市场竞争和培育市场主体。

5. 农产品物流的方向是从农村流向城市

农产品的生产基地在农村，而广大的农产品消费者却生活在远离农村的城市之中，为满足农产品消费在不同时空上的需求，满足城市居民对农产品的消费需求，就需要使农产品从农村运输到城市，并准确、快捷地运送到消费者手中，以实现农产品的使用价值。广大农业生产者生产的农产品通过不同的物流方式流向城市，以便投入工业生产或供城市居民消费，因而物流过程呈收敛型，运输程序先支线运输，后干线运输，物流批量越来越大。

6. 农产品物流具有明显的政治含义的商品特征

农业事关民生问题，而农产品是附带着社会政治含义的特殊商品，这使得各国政府在其生产与流通中都有不同程度的介入。一是农产品的需求收入弹性系数通常小于1，这就意味着随着经济增长和人均收入的提高，就占总消费的份额而言，农产品需求的增长反而下降，不利于农民收入的增加。二是农产品需求价格弹性系数也小于1，农产品价格下降所产生的追加需求只能带来比以前更少的收入。这两个因素对农民收入影响较大。因此，许多国家都不同程度地采取干预政策措施以保护农民的利益。三是从食品供给安全的角度考虑，政府对农产品的生产与流通进行干预也是不可避免的。

任务2 农产品物流的分类

农产品物流的对象是脱离了生产领域的农产品,即农产品物流既服务于农产品消费者,也服务于农产品生产者,且农产品物流不等于农产品流通。农产品物流根据不同的分类标准有不同的分类方式,主要有以下几种分类方式。

1.2.1 根据农产品物流系统的性质划分

根据农产品物流系统的性质划分,可以划分为社会化专业物流和企业物流。

1. 社会化专业物流

物流社会化是建立在物流专业化发展的基础上的,是一个不断深入的市场化发展过程。专业化和社会化互为前提、相互依赖,只有专业化,才能面向社会提供社会化的服务,而社会化又是专业化发展的必然结果。

2. 企业物流

企业物流可理解为围绕企业经营的物流活动,是具体的、微观物流活动的典型领域,是指在企业生产经营过程中,物品从原材料供应、生产加工到产成品销售,以及伴随生产消费过程所产生的废弃物回收及再利用的整个过程。通常,企业物流包括供应物流、生产物流、销售物流和回收物流,涉及包装、装卸、运输、储存、配送和物流情报等活动。企业物流涉及产品链的每个环节,其成功与否直接关系到企业生产效率的高低,关系到企业成本控制的好坏,进而直接关系到企业经营的成败。因此,企业物流体系的完善不仅是物流优化的重要环节,同时也是企业提升自身竞争力的重要元素,直接关系到企业的生死存亡。

1.2.2 根据农产品物流系统的空间范围划分

根据农产品物流系统的空间范围划分,可将其分为国际农产品物流、国内农产品物流、地区性农产品物流和农村物流等。

1. 国际农产品物流

国际农产品物流是指在跨国界的世界范围内发生的农产品物流,是各个国家为了各国的企业在全球化运营的同时能得到良好的服务和较低成本的控制而实现互通贸易,加强贸易往来,相互交流的重要途径和手段。

2. 国内农产品物流

国内农产品物流是指在本国范围内的生产和贸易活动中所发生的农产品物流,是国民经济的重要组成部分。与国际农产品物流相比，它的操作手续简单，并且具有更为统一的政策、法规及标准。

3. 地区性农产品物流

地区性农产品物流是在特定的范围内部，如一个城市、一个地区、一个经济圈中，伴随经济活动而产生的物流活动。

4. 农村物流

农村物流是一个相对于城市物流（urban logistics）的概念，它是指为农村居民的生产、生活以及其他经济活动提供运输、搬运、装卸、包装、加工、仓储及其相关的一切活动的总称。

1.2.3　根据农产品物流组织角度划分

根据农产品物流组织角度划分，可分为自营农产品物流和第三方农产品物流。

1. 自营农产品物流

自营农产品物流是指农产品生产者或相关企业（第一方或第二方）借助自有资源组织物流活动的物流组织模式。此类组织也会偶尔向运输公司购买服务，租赁仓库，但这是临时性的纯购买行为。虽然第三方物流在更多领域得到应用，但是在欠发达地区的农业，自营物流仍是主要的物流组织形式，其优点主要是能达到有效的管理控制，自营物流管理属于企业内部管理，能够更有效、快速地传达指令，同时获得准确的、充足的相关信息。其主要缺点是由于农产品物流需求具有明显的季节性，设备使用率较低。在农产品供销旺季，业务量大时，物流设备工具不足，而在更长时间是淡季，物流设备及工具又被闲置，造成巨大的浪费。

2. 第三方农产品物流

第三方农产品物流是专业物流企业受买方或卖方（第一方或第二方）委托，以合同形式提供农产品物流服务的组织模式。第三方物流是物流业发展到一定阶段出现的专业的物流服务提供企业，其服务对象为较大型的而且有较复杂供销关系的农业企业。其优点是物流服务专业高效，可使委托企业能专注于核心业务；缺点是信息控制的复杂性加大，信息物流不畅会加大其风险。

1.2.4　根据农产品物流在供应链中的作用划分

根据在供应链中的作用划分，农产品物流可分为农产品生产物流、农产品销售物流、农产品废弃物物流。

1. 农产品生产物流

农产品生产物流是指从农作物耕作、田间管理到农作物收获的整个过程中，由配置、操作和回收各种劳动要素所形成的物流。农产品生产物流是生产农产品的农户或农场所特有的，它需要与生产过程同步。

农产品生产物流按照生产环节可以分为产前物流、产中物流和产后物流三种形式。产前物流包括耕种、养殖物流及相关的信息物流，如农业拖拉机等农业机械设备及生产工具的调配和运作，种子、化肥、地膜等的下种和布施；产中物流包括培育农作物生长的田间物流管理活动和养殖畜禽、鱼类等的管理活动，包括育苗、插秧、锄田、除害、整枝、杀虫、追肥和浇水等作业所形成的物流；产后物流即为了收获农作物而形成的物流，如农作物收割、回运、脱粒、晾晒、筛选、处理、包装和入库作业或动物捕捞以及处理等作业所形成的物流。

2. 农产品销售物流

农产品销售物流是指为了实现农产品的保值、增值，在农产品流通过程中，农产品生产企业、流通企业出售农产品时，伴随着销售和加工活动将农产品所有权转移给客户而引发的一系列物流活动。农产品销售物流包括为了销售农产品而实行的收购、保鲜、运输、检验、储存、装卸，以及为了满足用户需要而实施的包装、配送、各类加工和分销等活动。

这一物流过程是农产品实现其使用价值的关键。若销售物流不畅，会影响农户或农场分销等活动的利益，造成农产品积压甚至造成丧失农产品价值的不良后果。随着市场经济的不断深入，农产品销售物流已经形成买方市场，销售物流活动带有极强的服务性，以满足买方要求，最终实现销售。

3. 农产品废弃物物流

农产品废弃物物流是指在农产品生产、销售及消费过程中，产生的大量的农产品废弃物、无用物的运输、装卸和处理等物流活动。有关资料显示，蔬菜中毛菜和净菜销售的结果比较，100吨毛菜可以产生20吨垃圾，由此可以推算出毛菜进城到农贸市场上销售时存在着一个数量惊人的无效物流成本。为此，建立农产品生产、物流、消费的循环往复系统即废弃物的回收利用系统，实现资源的再利用，是现代物流管理的焦点——绿色物流的主要内容。

1.2.5 根据物流的具体对象划分

根据农产品物流的具体对象不同，农产品物流可划分为粮食作物物流、经济作物物流、鲜活食品物流、畜牧产品物流、水产品物流、林产品物流和其他农产品物流，见表1-1。

表1-1 根据农产品物流的具体对象对农产品物流的分类

种　类	具体内涵
粮食作物物流	粮食是人类赖以生存的主要物质资源，主要用作主食，包括人的口粮、牲畜饲料和其他工业用粮。具体有水稻、小麦、玉米、谷子、高粱、大麦、荞麦等。粮食作物物流量大，搞好粮食作物物流对促进国民经济健康稳定发展，全面实现小康社会的目标具有重要意义
经济作物物流	经济作物除满足人们的食用需求外，还是工业尤其是轻纺工业和食品工业的原料，商品率大大高于粮食作物，物流需求大。具体包括：纺织原料，如棉、麻、丝、毛等；轻工业原料，如糖、烟、茶、可可等
鲜活食品物流	鲜活食品主要包括鲜食的猪牛羊肉、禽、蛋、蔬菜、水果等。鲜活食品在储运过程中损失率比较高，对物流技术和装备水平要求也比较高。我国在这类食品物流作业过程中损失率有时高达30％～35％，即有1/3的鲜活食品在物流作业中被消耗掉；而发达国家的损失率控制在5％以下，可见，我国迫切需要提高这类食品的物流技术和装备水平
畜牧产品物流	畜牧产品不仅向人们生活提供肉、蛋、奶等食物，还向轻工、化工、制革、制药业提供原料，物流需求量大。畜牧产品物流还可进一步分为肉类、蛋类、奶类产品物流等
水产品物流	水产品需求主要来自三方面：一是居民家庭消费；二是水产品加工食品、方便食品、餐饮等社会消费；三是出口
林产品物流	林产品是重要的工业原料，营林和竹木采伐对物流需求大，主要体现在林产品的运输、装卸和搬运等环节上
其他农产品物流	不能归入上述几类的农产品物流，统称为其他农产品物流

1.2.6 根据物流储运条件的不同划分

按照农产品物流的储运条件不同，可将其分为常温链物流、冷藏链物流和保鲜链物流。

1. 常温链物流

常温链物流是指在通常的自然条件下对农产品进行的储存、运输、装卸搬运以及流通加工处理，创造农产品物流过程中的时间价值、空间价值以及流通加工价值。大多数非鲜活类农产品不需要特殊条件就可以完成物流过程，如各种粮食作物、经济作物和活的牲畜等。

2. 冷藏链物流

冷藏链物流是指在低温下完成农产品的储存、运输、保管、销售等活动，它是以制冷技术和设备为基本手段，最大限度地保持易腐农产品原有品质的物流活动。很多农产品在性质上要求农产品从田间到餐桌的一系列处理过程，要连续不断地保持适宜的温度、湿度等条件，因为降低温度可以抑制农产品中微生物的生长繁殖，减弱农产品自身生理活动强度，有效延长易腐农产品的储藏期，保证储运质量。

> **实用链接**
>
> **蒙牛重塑供应链，物流成本下降一半**
>
> 2016年6月，蒙牛与菜鸟达成了全品入仓的协议，将线上销售所有的仓储、配送都交由菜鸟智能供应链负责。一年后的今天，蒙牛就已稳居线上销售的行业第一，这条新型的供应链体系起到了重要作用，而且成本居然下降了40%。
>
> （资料来源：呱呱物流平台）

3. 保鲜链物流

保鲜链物流是指综合运用各种适宜的保鲜方法和手段，使鲜活易腐农产品在生产、加工、储运和销售的各环节中，最大限度地保持其鲜活特性和品质的系统。实现保鲜链除了应具有实现冷藏链的所有条件外，还要具有3M条件，即保鲜工具与手段（Mean）、保鲜方法（Methods）和管理措施（Management）。

 项目案例分析

江苏雨润农产品物流集团开启农产品物流创新模式

江苏雨润农产品物流集团是中国500强企业之一——雨润控股集团旗下的以农产品绿色生态种养基地、初深加工、物流园区、信息系统以及配送体系等产业为主要投资、建设、经营方向的大型产业集团。集团成立于2009年7月，总部位于江苏南京。

集团自成立以来，依托雨润品牌优势，紧紧围绕国家农产品物流发展规划和政策引导，始终致力于以构建雨润农产品全球采供体系为目标，坚持"基地直供、厂家直销、终端配送、电子结算、全国连锁"的经营方针，引入农产品全产业链发展新模式，打造中国农产品生产交易的现代化新平台，成为物联产销、服务三农重要的新生力量。

目前，集团在西安、沈阳、成都、哈尔滨、鞍山、徐州、石家庄、青岛、赤峰、武汉等全国多个重点物流区域，倾力打造现代农副产品全球采购中心；继2012年成都、2013年西安、沈阳、鞍山项目相继开业，2014年哈尔滨、石家庄、青岛、赤峰、徐州等也将陆续开业，到2015年底，集团开业运营项目达到16家，2016年达到

20余家，年交易额突破2 000亿元，在全国农产品物流行业内产生巨大影响。

集团通过实践积极探索，通过发展不断积累，在经营管理模式上优化创新，在建筑形态上提档升级，借助物联网和信息化平台，积极发展电子商务和配送业务，采用线上线下结合的配送模式，推行从基地到终端、从田头到餐桌的一站式采购，保障农产品质量安全、减少中间环节、降低物流成本、提高流通效率，促进雨润全产业链的发展。集团将围绕"十二五"发展规划，抓住机遇，科学布局，以"精细化运营、效益化运作、标准性规划、稳定性发展"为思路，构建全国性的雨润现代化农产品物流中心网络；集团以二十字经营方针为指导，通过引进新技术、探索新模式、创新管理构建了一批一流的市场设施现代化、服务功能全面化、组织程度高、流通效率高、抗风险能力强、主动承担社会责任的现代化全球采购中心，打造雨润品牌，做强农副物流产业，带动地区性物流中心，最终成为全球最大的农产品物流设施提供商和服务商。

雨润果蔬网是国内领先的综合性农产品B2B电子商务交易服务平台，由江苏雨润农产品集团有限公司运营。

网站致力打造全球最专业的农产品交易平台，为买卖双方提供信息管理、展示、搜索、对比、询价、交易等全流程服务。同时提供第三方认证、广告推广等高级服务，帮助供应商在互联网上展示企业形象和产品信息，帮助采购商精准、快速地找到诚信供应商。雨润果蔬网打造食品安全溯源体系、批发/零售全业态覆盖、移动端布局、网络化实体优势、价格指数体系、采购面对面六大核心优势，为国内农产品企业、团体构建交流渠道，帮助供应商和采购商建立联系、挖掘国内市场商业机会。

（资料来源：https://www.jobui.com/company/9834518/）

辩证性思考

江苏雨润农产品物流集团是如何做到农产品物流模式创新的？

项目检测

知识目标检测

1. 什么是农产品物流？
2. 农产品物流的基本特征有哪些？
3. 农产品物流的基本类型有哪些？

能力目标检测

检测项目：选择一家农产品物流企业，对该企业农产品物流管理现状进行分析。

检测目的：通过检测，进一步熟悉、掌握农产品物流的特征、类型，具备分析农产品物流企业管理现状的基本能力。

检测要求：在教师指导和学生自愿选择的基础上，学生按10人组成团队，每个团队按照项目任务进行目标管理；带着问题到农产品物流企业进行参观、访问、座谈，了解和熟悉农产品物流企业概况，重点了解农产品物流企业管理现状，为学习农产品物流打下基础。

由班级学习委员组织全员分团队对农产品物流企业管理现状进行分析讨论，由教师进行评价。

项目2　农产品物流系统

项目目标

知识目标

掌握农产品物流系统的概念、基本要素；

熟悉农产品物流系统建设的内容；

了解农产品物流系统评价指标体系构建的内容。

能力目标

能够运用农产品物流系统知识，对我国农产品物流系统建设提出建议。

项目导入案例

鲜活农产品物流

当前，我国农村电子商务在国家政策引导和资金支持下，在各大电商龙头企业技术支撑和鼓励之下，农村地区涌现了超过800万个农村电商，大量的鲜活农产品通过电子商务平台远销海内外。但从鲜活农产品流通体系看，整个供应链各环节信息服务水平还处于较低层次，这在一定程度上制约了鲜活农产品电子商务发展。一方面，当前很多批发商和供应商仍然停留在传统运输模式理念上，自身知识水平有限，信息意识落后，对于市场信息变化捕捉能力较弱，无法确保鲜活农产品物流信息的时效性，这就造成了部分鲜活农产品在运输过程中耽误了较多时间，影响新鲜度和质量。另一方面，由于供应链上各个主体之间缺乏协调机制，相互之间信息不顺畅，企业与企业之间缺乏信任，彼此之间信息难以实现共享，尽管电子商务正在不断发展，在鲜活农产品物流运输领域却非常滞后，在一定程度上影响了电子商务发展。

（资料来源：马红军《电子商务发展与鲜活农产品物流模式的选择研究》）

辩证性思考

限制我国农产品物流发展的因素有哪些？

任务1　农产品物流系统

现代物流是一个复杂而巨大的系统工程，它强调物流的总体性和综合性。农产品具有大众生产、大众消费的市场特征，其物流主体间相互选择的余地很大，与工业物流和商业物流相比，农产品物流容易产生较多的交易费用，同时物流时间尽量缩短。因此，从宏观的角度建立高效的农产品物流体系至关重要。

2.1.1　农产品物流系统的概念

物流系统是指在一定的时间和空间里，由所需输送的物料和包括相关设备、输送工具、物流设备、人员以及通信联系等若干相互制约的动态要素构成的具有特定功能的有机整体。

物流系统和其他系统一样，具有输入、转换及输出三大功能。

最基本的物流系统由包装、装卸、运输、储存、加工以及信息处理等子系统中的一个或几个有机地结合而成。每个子系统又可以往下分成更小的子系统。

农产品物流系统是将农产品通过各个物流子系统的组织与运作以有效的低物流成本向顾客提供优质服务的机制。

2.1.2　农产品物流系统的基本要素

农产品物流体系是指与农产品物流相关的各个要素相互作用、相互联系构成的有机整体。具体来说，农产品物流体系的要素可以分为一般要素、功能要素、制度要素和物质基础要素。

1. 一般要素

（1）劳动者要素。它是现代物流系统的核心要素和第一要素。提高农产品物流主体劳动者的素质，是建立一个合理化的现代农产品物流系统并使其有效运转的根本。

（2）资金要素。交换是以货币为媒介的。实现交换的现代农产品物流过程，实际也是资金运动过程。同时，农产品物流服务本身也是需要以货币为媒介，现代农产品物流系统建设是资本投入的一大领域，离开资金这一要素，现代农产品物流不可能实现。

（3）物的要素。物的要素包括农产品物流系统的劳动对象，即各种实物。此外，现代农产品物流的物的要素还包括物流设施、物流装备、物流工具、信息设施等硬件。

2. 功能要素

农产品物流系统的功能要素是现代物流系统所具有的基本能力，这些基本能力有效地组合、联结在一起，组成现代物流的功能，便能合理、有效地实现物流系统的目的。

从农产品物流活动的实际工作环节来考察，一般认为现代农产品物流系统的功能要素有采购、运输、储存保管、包装、装卸搬运、流通加工、配送和物流信息等。

（1）采购功能要素。为做到低成本、高效率地为农产品生产经营企业进行物流服务，采购功能在农产品经营企业中越来越重要。采购的功能是选择企业各部门所需要的适当物流，从适当的来源，以适当的价格、适当的送货方式（包括时间和地点）获取适当数量的原材料。

（2）包装功能要素。包装功能要素包括农产品的成品、半成品包装，生产过程中制品的包装以及在物流过程中换装、分装、再包装等活动。

（3）装卸功能要素。装卸功能要素包括对农产品输送、保管、包装、流通加工等物流活动进行衔接，以及在保管等活动中进行农产品检验、养护所进行的装卸活动。伴随装卸活动的小搬运一般也归入在这一活动中。

（4）运输功能要素。农产品运输是运用设备和工具，实现农产品由其生产地至消费地的空间转移。它包括供应及销售物流中的车、船、飞机等运输方式以及生产物流中传送带等方式的运送。储存保管功能要素包括堆存、保管、保养、维护等活动，主要是对农产品数量、质量进行管理控制的活动，其目的是为克服农产品生产与消费在时间上的差异。

（5）流通加工功能要素。流通加工功能要素又称"流通过程的辅助加工活动"。这种加工活动是因农产品销售企业等部门为了弥补生产过程中加工程度的不足，更有效地满足用户或本企业的需求，更好地衔接产需，往往需要进行诸如分类、切割等加工活动。

农产品的流通加工主要包括冷冻产品、分选农副产品、分装农产品、精制农产食品等。

（6）配送功能要素。作为一种现代农产品流通方式，农产品配送是指在经济合理区域内，根据顾客的要求，对农产品进行拣选、加工、包装等作业，并按时送达指定地点的农产品物流活动。农产品配送不是单纯的农产品运输，而是运输与其他活动共同构成的组合体，而且配送所包含的运输，在整个食品运送过程中处于"二次运输""末端运输"的地位，更直接地面向并靠近用户。

3. 制度要素

在复杂的社会经济系统中，由于农产品物流的特殊性，现代农产品物流系统的建立需要有一些制度、法律等支撑手段。

（1）体制、制度。农产品物流系统的体制、制度决定了农产品物流系统的结构、组织、领导和管理方式，国家对其控制、指挥和管理方式是现代物流系统的重要保障。有了这个支撑条件才能确立现代农产品物流系统在国民经济中的地位。

（2）法律、规章。现代农产品物流系统的运行，都不可避免地涉及企业、人的权益问题，法律、规章一方面限制和规范物流系统的活动，使农产品物流与社会经济系统或其他物流系统协调，另一方面给予保障，合同的执行、权益的划分、责任的确定等都靠法律、规章来维系。

4. 物质基础要素

现代农产品物流系统的建立和运行需要有大量技术装备手段，这些手段的有机联系对现代物流系统的运行起着重要作用。这些要素对实现农产品物流和某方面的功能也是必不可少的。

（1）物流设施。物流设施是组织现代农产品物流系统运行的基础物质条件，包括物流站、物流场、物流中心、物流仓库、物流铁路、建筑、公路、铁路、港口等。

（2）物流装备。物流装备是保证现代农产品物流系统开动的条件，包括仓库货架、进出库设备、加工设备、运输设备、装卸机械等。

（3）物流工具。物流工具是现代农产品物流体系内运行的各种物质条件，包括包装工具、维护保养工具、办公设备等。

（4）信息技术及网络。信息技术及网络是掌握和传输农产品物流信息的手段，根据所需信息水平不同，包括通信设备及线路、传真设备、计算机及网络设备等。

（5）组织及管理。组织及管理是农产品物流网络的"软件"，起着联结、调运、运筹、协调、指挥其他各要素以保障农产品物流系统运行的作用。

2.1.3 农产品物流系统的特征

1. 农产品物流系统是一个多目标的系统

农产品物流系统的总目标是实现农产品在空间位置上的高效转移。围绕这个总目标会出现很多的分目标，如物流数量要达到合适的规模，物流时间要最短，物流服务要最好，物流成本要最低等。

2. 农产品物流系统是一个大跨度的系统

农产品物流系统地域跨度大，很多农产品的配送往往要跨区域进行。大跨度系统带来的主要问题是管理难度大，对信息的依赖程度高。

3. 农产品物流系统是一个动态系统

一方面，生鲜农产品物流系统往往由多个运作主体构成，系统内的要素及系统的运行经常发生变化，长期难以稳定；另一方面，农产品物流受季节影响很强，不同季节对物流系统要求的差异很大，这也使物流系统的运行较难稳定。动态性强要求系统必须有足够的灵活性与可改变性。

4. 农产品物流系统的功能要素之间存在效益背离现象

这主要指物流系统中某一个功能要素效率的提高并不一定使整个系统的效率提高，有时甚至使整个系统的效率降低。如物流系统的运输效率提高，但物流信息服务滞后，那么盲目的高效率运输反而会使产品大量积压，造成损失。效益背离现象要求我们必须从系统的角度去看待物流，使物流的各个环节相互协调，达到整体的最大效率。

2.1.4 农产品物流系统的目标

构建农产品物流系统的目的是"追求以最低的物流成本向客户提供优质的物流服务"。

 实用链接

现代物流追求的目标："7R"

◇ 适当的质量（Right Quality）

◇ 适当的数量（Right Quantity）

◇ 适当的时间（Right Time）

◇ 适当的地点（Right Place）

◇ 适当的产品（Right Product）

◇ 适当的条件（Right Condition）

◇ 适当的成本（Right Cost）

农产品物流的目标，就是要把农产品物流的各个环节（子系统）联系起来作为一个系统进行整体设计和管理，以最佳的结构、最好的配合，充分发挥其系统功能、效率，实现整体物流合理化。具体目标有以下五方面。

1. 服务目标

现代农产品物流系统起着桥梁、纽带的作用，是农产品流通系统的一部分，具体联结着农业生产与再生产、生产与消费，因此要求有很强的服务性。在为客户服务方面要求做到无缺货、无货损、无货差等现象，且费用低廉。在技术方面，近年出现的"准时供货方式""柔性供货方式"等，也是其服务性的表现。

2. 快速、及时的目标

快速、及时既是一个传统目标，也是一个现代目标。随着社会大生产的发展，这一要求更加强烈了。为此采取的诸如直达物流、联合运输等管理和技术，把物流设施建在供给地区附近，合作利用有效的运输工具和合理配送计划等手段，都是快捷目标的体现。

3. 节约目标

节约是经济可持续发展的基本要求，我国土地资源日趋紧张，费用也不断上涨，特别是对城市市区面积的有效利用必须加以充分考虑，应逐步发展立体化设施和物流机械，求得空间的有效利用。

4. 规模化目标

农产品生产领域的规模化效应是早已为社会所承认的。由于农产品物流系统比农产品生产系统的稳定性差，因而难以形成标准的规模化形式。在农产品物流系统中，考虑物流设施集中与分散是否适当，机械化与自动化程度如何合理利用，信息系统的集成化所要求的设备的使用等，都是规模优化的体现。

5. 库存调节目标

库存调节目标也是服务性的延伸。农产品库存过多势必需要更多的保管场所，而且会出现农产品腐烂、变质、过期等问题，造成浪费。因此，要按照生产与流通的需求变化以及农产品的特性，对农产品库存进行控制，如正确确定农产品的库存方式、库存数量、库存结构、库存分布就是库存调节目标的体现。

2.1.5 农产品物流系统的结构

农产品物流系统的产业结构要素有三个主要的组成部分，一是物流平台，二是物流运作企业，三是物流结算平台。

1. 物流平台

物流平台包括物流设施平台、物流信息平台、物流政策平台等，物流平台的实体又可以归纳成线路、结点两部分。从区域规划的角度讲，物流线路指公路、铁路、航空线和航海线等物流通道，物流结点指区域物流枢纽、区域物流中心等。

2. 物流运作企业

物流运作企业是微观物流运作的主体，在支撑平台上运作，是使整个物流系统运动起来的主导力量。

3. 物流结算平台

物流结算平台是指产地、交换、仓储、运输、装卸和包装等环节中成本支出、资金结算的全过程。

任务2 农产品物流系统的建设

2.2.1 农产品物流组织体系建设

我国现阶段基本上形成了以农产品批发市场为主,以城乡集贸市场为辅的流通组织模式,其外延不断扩大,向上游联系种植、养殖、加工、检疫、运输等环节,向下游联系配送、零售、消费等环节,构成了完整的产业链。但我国多数农户的生产经营是单户经营的形式,农产品的销售多为分散方式,农产品的大流通、大市场、大公司体系尚未形成。

1. 农产品物流渠道

农产品物流渠道主要的形式见表2-1。

表2-1 我国农产品物流渠道的主要形式

主要形式	详细描述
农户或基地——运销大户	运销大户建立与批发商稳定的购销业务关系。也有一些运销户在全国各大城市的农副产品批发市场直接设立窗口。这种农产品物流方式在我国农产品流通中占有较大的比例
农户——客商	这一物流方式也较为普遍,如大型连锁超市、农贸市场的批发商等在农产品收获时直接到农户田头收购
农户或基地——加工企业	这种方式是农产品加工企业将自己基地的初级农产品和从农户手中收购来的农产品经过加工后或直接出口,或出厂销售给批发商,或设立窗口直接零售到消费者手中
农户或基地——农民专业合作社	农民专业合作社将社员和基地上的农产品收购来,或销售给与自己有业务关系的批发商,或将农产品运往自己在外地设立的批发窗口、零售窗口进行批发或零售
农户或基地——农民专业合作社——加工企业——出口	这一物流形式由农民专业合作社作为流通的中介组织发挥作用。他们接受农业加工企业由于出口需要的委托,或发动本社社员,或自办生产基地,种植某种出口加工企业指定的农产品,然后按加工企业要求制定生产操作规程,生产出符合出口企业要求的农产品,提供给加工企业,加工企业按出口要求进行加工,然后外贸出口

2. 农产品物流主体

一方面,各个供应链环节都有各自不同的主体。生产主体在我国主要以分散经营的农户为主,但在一些经济发达地区也有此规模经营的农户联合体;中间代理环节的主体比较多样化,既有各种类型的合作组织(包括政府主导和自发组织的各种专业协会),也有各种不同规模的私营收购代理公司;产地批发商和销地批发商主体主要是以各种农产品批发市场为核心的购销商群体。目前,我国农产品零售商的情况最复杂,包括各种农贸市场、规模大小不一的超市及综合性的零售店和地摊销售等。

另一方面，从物流整体来看，农产品物流的主体包括自营主体、第三方物流主体。虽然第一方物流将有很大发展，但自营物流仍占主导地位，专业运输公司、专业仓储公司等比较匮乏。此外，现阶段较为盛行的农业行业协会组织仍然不健全，农产品加工企业数量少、规模小，农产品吞吐能力较低，且缺乏必要的物流知识和收集加工信息的能力，起不到行业规范和自律的作用。

农产品物流主体繁多且分散，对农产品的采购、运输、加工、仓储、包装、配送远没有形成规范的管理和控制机制，使农产品在生产物流、供应物流、销售物流方面次序混乱，造成了我国农产品物流组织专业化、社会化程度低，服务质量满足不了市场需求。

2.2.2 农产品物流标准体系建设

1. 农产品物流标准体系

农产品物流标准体系是指农产品物流领域的标准按其内在联系形成的科学有机整体，是对农产品物流领域中重复性事物和概念所做的统一的规定，其目标是通过采用标准化的生产、加工、流通方式，实现农产品的安全、高效流通，以促进农产品公平性贸易，是该体系中的核心元素。农产品物流标准体系的实施涉及农产品及其加工制品从供应地向接受地的实体流动过程中的运输、储存、装卸、搬运、包装、流通加工、配送以及信息处理等活动以及物流技术和物流过程中的诸要素管理等标准。

实用链接

农产品物流标准的实施对象

◇ 农产品、物流方面的技术术语、标志、符号、代号；

◇ 农产品物流的环境条件、技术和管理技术的一般要求；

◇ 农产品的运输、储存、装卸、搬运、包装、流通加工、配送、信息处理及技术、信息、服务等的具体要求。

2. 农产品物流标准化的特性

（1）物流的复杂系统决定了管理上的复杂性。

（2）从局部系统寻找共同的基点，形成物流标准化的核心。

（3）系统的统一性、一致性和系统内部各环节的有机联系是系统能否生存的首要条件。

（4）覆盖面广，可操作性强，修订周期短。

（5）标准的制订和实施以企业为主体，政府的主要职责是协调引导。

（6）物流的国际化更加突出。

3. 我国农产品物流标准化的现状

规范化和标准化是农产品物流现代化的关键和基础，是现代市场流通系统发展的必要条件。从世界范围来看，很多国家为了保护本国农民和消费者的利益，都会根据自身的市场特点建立本国的规格标准，并以此影响国际标准，使自己取得国际贸易的有利地位。目前，我国农产品流通业标准化工作刚刚起步，还存在以下不足。

（1）交通运输和仓储的设施、设备、器具缺乏统一标准规范。

（2）物流标识混乱，缺乏标准规范。

（3）流通业电子数据缺乏统一标准，物流信息不对称。

（4）商品条码未能全面普及应用。

（5）相当一部分农产品缺乏标准，特别是质量等级标准。

4. 农产品物流标准体系建设的建议

现代农产品物流系统标准化建设应着重于农产品物流的独特性，物流标准的实施应坚持统筹规划、循序渐进的原则，在把握好发展方向的前提下，可以在某些发展较快的行业、企业甚至地区先期进行设计、推广和实施。如在信息技术标准化方面，目前国际上通行的信息标准化技术是条形码技术和电子数据交换（简称EDI）技术，可率先在发展较快的地区以及新建的超市、产品配送中心推广条形码技术、EDI技术，然后再逐步向农产品供应链的全过程推广。有一些物流标准必须强制统一实施，如生鲜农产品的检验、检疫标准须在各地区、各行业强制统一实施。可以在沿海发达地区强化严格的检验检疫标准，建立农产品身份证制度、责任可追溯制度。

2.2.3 农产品物流政策体系建设

农产品物流政策体系就是在政府意志及物流规划下，制定有利于发展现代物流的政策法规。我国现行的物流政策基本上可以分为两大体系和两个层次。两大体系即法律类政策和行政类政策；两个层次是指全国性政策和地方性政策。我国的物流产业正处于发展初期，专门性、综合性的法律、法规较少，指导物流产业发展的法规主要是按行业划分的法律、法规来执行。从现代高效农产品物流体系建设要求看，我国农产品物流体制建设还存在以下问题。

1. 缺乏市场经济和国际视野

当前，我国施行的农产品物流政策和法律法规中，很多内容是从传统计划经济体制环境下延续下来的，市场经济原则的体现和贯彻不够充分，缺乏全球化、国际化背景的考虑。如我国开放物流市场，允许外资物流企业进入与国内物流企业展开竞争，但在税收政策方面，外资企业却享有超国民待遇，中小民间物流企业在融资信贷、国家和地方标准等方面所遇到的一系列政策问题都还没有得到妥善解决。因此，建立一个专业性强、有前瞻性的并能体现社会主义市场经济要求和现代物流特性的政策法规体系势在必行。

2. 物流政策法规缺乏系统性

现代农产品物流是跨部门、跨地区、跨行业的复合型产业，与社会经济生活的很多层面都有不同程度的关联。我国农产品物流的发展涉及国家发改委、商务、交通、铁道、民航、邮政、海关、质检、公安、信息等政府相关部门。各部门表面上是齐抓共管，实际上往往从各自利益出发，各行其是，政出多门，造成条块分割严重。现行农产品物流政策法规基本属于原生状态，缺乏统筹规划和整体协调，缺乏物流业发展所要求的系统性和专业性，甚至出现职能重复、政策冲突，使执行机关和物流企业无所适从，难以认识和把握物流政策的精神，难以整合物流各环节和各功能之间的关系，不利于形成产业优势推动我国现代物流的发展，最终也影响了政策法规的权威性。

3. 物流政策法规可操作性不强

我国传统的物流政策法规在技术上普遍缺乏对物流实践的具体指导和协调作用，宏观调控能力和微观约束能力不足，直接具有操作性的物流法规层次较低，法律效力不大。目前，我国尚无具有直接可操作性的现代农产品物流综合性政策法规，各部委或地方多以"办法""意见""通知"等形式颁布一些促进农产品物流发展的规范性文件，缺乏法律强制效力，只适合作为司法审判的参照性依据，在具体运用中缺乏可操作性，不利于调整物流主体之间的相互关系，不利于对物流主体行为进行引导与制约。一些传统的运输类、仓库类法规受到部门分制影响，无法体现物流"一体化、大流通"的特点，在实践中经常无法操作。

4. 存在发展现代物流的"政策真空"

现代物流形成集运输、仓储、装卸搬运、包装、流通加工、配送、物流信息等在内的多功能、一体化的综合服务。但是，我国现有的一些农产品物流政策法规无法对物流活动进行有效规范，如第三方物流运营商因不同物流环节的业务性质，可以作为代理人、承运人、仓储经营人以及批发商等，从而具有不同的法律身份，法律关系种类繁多，甚至性质迥异。这些法律在责任构成、责任形式、责任范围、诉讼时效、诉讼管辖和举证责任等方面均有一定差异，使第三方物流运营人产生不同的法律风险，承担不同的法律后果。

2.2.4　农产品物流人才培养

当前形势下，职业教育面临着供给侧结构性改革的问题。一方面高技能专业人才短缺，供不应求；另一方面毕业生过剩，就业不对口，不好就业。对于职业院校而言，培养出来的学生真正能适应行业、企业人才需求的并不多。

对于农产品物流而言，由于产品的特殊性，对物流行业从业人员的素质、水平、服务要求很高。目前，人才缺乏是我国农产品物流发展的制约因素之一。现代农产品物流是与信息技术的发展和现代物流技术的创新相伴而行的，迫切需要适应时代发展，特别是互联网时代对农产品物流要求的经营和管理的专门人才，而目前这方面的人才是最紧缺的。

因此，应针对农产品物流管理交叉性、实践性和成长性的学科特点，从社会与企业的需求出发，明确物流管理人才的培养目标定位，在尽可能多的高等院校中设置物流管理专业，并为工商管理及相关专业的学生开设物流课程。

另外，全面开展物流在职教育，推广物流的职业资格认证制度，例如仓储工程师、配送工程师等若干职位。所有物流从业人员必须接受职业教育，经过考试获得上述工程师资格后，才能从事有关的物流工作。此外，要解决农产品物流人才缺乏的问题，也离不开政府的教育制度。

任务3　农产品物流系统评价指标体系

建立一套完整的评价价指标体系，衡量农产品物流系统实际的运行状况，有助于对农产品物流系统进行合理的规划和有效的控制，有助于准确反映农产品物流系统的合理化状况和评价改善的潜力和效果。

2.3.1　农产品物流系统评价指标体系的构建原则

评价指标的选择和量化是建立评价模型的基础，也是决定评价结果优劣的关键，要科学地分析农产品物流发展状况，并建立评价体系，评价指标的选择应遵循以下原则。

1. 目的性原则

设计农产品物流评价指标体系的目的在于：根据对农产品物流系统的综合评价，衡量农产品物流发展状况，找出农产品物流发展的瓶颈，通过改善不足之处，最终实现农产品物流成本的最小化和物流效益的最大化，从而提高各地区人们的生活质量。

2. 科学性原则

农产品物流评价指标应该能够对中国农产品物流水平有一个客观的反映和评价。首先，指标的选取应具有科学的理论依据；其次，该体系应能准确地反映实际情况，有利于各地区之间的横向比较，发现自身优势和不足之处，挖掘竞争潜力。

3. 系统性原则

对农产品物流系统的评价是一个涵盖多因素、多目标的复杂系统，评价指标体系应力求全面反映农产品物流的综合情况，既能反映系统的内部构成与功能，又能正确评估系统与外部环境的关联；既能反映直接效果，也能反映间接影响，以保证评价的全面性和可靠性。

4. 规范性和针对性原则

农产品物流评价指标的设置要有明确的统计口径，并且要借鉴国际经验用于国际比较。同时，指标应根据其重要性有针对性地选取，保证指标少而精，即简洁、紧要、好懂、管用，不必面面俱到。

5. 定性与定量相结合原则

在综合评价农产品物流水平时，应综合考虑影响农产品物流水平的定量和定性指标，对定性指标要明确其含义，使其能恰如其分地反映指标的性质。定性和定量指标都要有清晰的概念和确切的计算方法。

6. 实用性原则

所建立的农产品物流评价体系应达到层次清晰、指标精炼、方法简洁，使之具有实际应用与推广价值。为此，选取的指标要具有可操作性，指标应含义明确且易于理解，指标量化所需资料收集方便，能够用现有的方法和模型求解。

2.3.2 农产品物流系统评价指标体系的构建

农产品物流体系构建的基本目标是提供完善的一体化的流通服务，提供快捷高效的配送服务，以及达到降低生鲜农产品综合成本的目的。所以，评价农产品物流系统的有效性应该从物流体系的基本目标出发，建立服务质量、物流配送效率、物流成本效益三方面的指标体系。

1. 农产品物流服务质量指标

农产品物流服务质量是衡量农产品物流系统的重要指标，建立物流服务质量的指标系统对于控制和管理农产品物流系统来说至关重要。物流服务质量指标具体包括农产品信息化水平和服务质量水平两个指标。

（1）农产品物流信息化水平。农产品物流信息化水平是农产品物流服务质量的重要方面，主要通过农产品信息共享率、农产品信息集中度、农产品信息传递的通畅性、农产品信息传递的准确性、农产品信息传递的及时性、农产品信息利用价值率来衡量。

（2）农产品物流服务质量水平。满足顾客的要求需要一定的成本，并且随着顾客服务达到一定的水平时，想再提高服务水平，物流企业往往要付出更大的代价。农产品物流经营企业出于利润最大化的考虑，往往只满足一定的订单，由此便产生了服务质量水平指标。农产品服务质量水平指标具体包括准时交货率、商品完好率、交货合格率、订单满足率、采购计划完成率、供货计划完成率、交货农产品质量和客户满意度。

2. 农产品物流配送效率

配送效率的发展程度是衡量一个国家或地区物流发展现代化程度的重要指标，也是一个国家或地区流通现代化程度的重要表现。评价农产品物流配送效率的指标主要有两类：一是决定配送效率的基础设施，二是物流效率。

（1）物流基础设施。它主要包括农村公路网络密度、通公路的村占该地区村总数的比例、农村机动力运输量占总运输量的比例、该地区高速公路长度占公路总长度比、农产品"绿色通道"数量、农产品专用运输工具占总运输工具的比例、物流中心或流通中心网络密度等。

（2）物流效率。评价农产品物流效率的具体指标主要有农产品物流周转速度、往返载货率、各种运输工具的装载率、物流设施利用率和物流中心配送效率。

3. 物流成本效益

通过该指标能够反映出农产品物流的整体效益情况，包括物流效益和物流成本两大指标。

（1）物流效益。其反映农产品物流发展的规模和水平，具体可以通过农产品加工增值率、农产品加工产值占农产品产值比、农产品产品库存和农产品物流环节上的损失率来衡量。

（2）物流成本。物流系统的各项投入在价值形态上表现为物流成本，可以通过农产品市场交易费用、农产品物流成本占整个农产品成本比、农产品交易成功率来衡量。

 项目案例分析

线上生鲜O2O物流系统

随着电子商务的深入发展，线上的生鲜O2O连锁企业开始着眼建立线下实体连锁店，逐渐布局线下生鲜市场。如阿里巴巴的"盒马鲜生"，它运用了互联网思维运营，由阿里集团投资，以弥补物流短板、完善支付链条为发展目的，线下实体店以

"支付宝会员店"的形式诞生,无论用户是送货到家还是到店消费,都必须使用支付宝结算。第一家生鲜O2O体验馆盒马鲜生在上海金桥广场试运营开张,以体验为主导,前台结合销售展示、仓储以及分拣线上订单功能为一体,划分了许多专区,如肉类、水产、水果蔬菜、冷藏、烧烤、熟食等;后台设置了300平方米的合流区,前后台通过自动化运输系统连接,形成了产地直采、品质上乘、新鲜到家、价格亲民等特色,实现销售、展示、仓储、加工、分拣订单等多种功能融为一体。此外,盒马鲜生物流配送全部自营,承诺5千米内半小时送达,保证了闪电式送达,致力于为消费者提供更好的产品及物流体验。

(资料来源:齐云英《O2O模式连锁企业农产品物流配送路径优化》)

辩证性思考
农产品物流面临的挑战和机遇分别是什么?

项目检测

知识目标检测

1. 农产品物流系统的构成要素有哪些?
2. 农产品物流系统的特征是什么?
3. 农产品物流面临标准化建设的问题有哪些?
4. 如何评价农产品物流系统?

能力目标检测

检测项目:对我国农产品物流系统现状进行分析,并提出建议。

检测目的:通过检测,进一步熟悉、掌握农产品物流系统的构成要素、建设内容,能够分析农产品物流系统存在问题,并提出改进措施。

检测要求:由班级学习委员组织全员分团队对农产品物流系统进行分析讨论,教师进行评价。

项目3　农产品包装与流通加工

项目目标

知识目标

熟悉农产品包装的概念；掌握农产品包装容器及包装技术、加工方式；熟悉农产品包装材料与辅助材料；熟悉农产品流通加工的概念；掌握农产品流通加工的主要方式。

能力目标

能够运用农产品包装与流通加工知识，对农产品物流企业进行农产品包装与流通加工分析。

项目导入案例

卖乡情文化，打动亿万用户

陈×毕业于××大学，学习汉语言文学专业的她毕业后做过记者，后来在深圳、西安两地广告公司做文案策划，月入过万。2年前，陈×放弃了高薪工作与原本优越的都市生活，回到家乡石泉，她要替大山里的老乡卖山货，要让城里人方便地买到美味的原生态农产品，于是创办了秋×生态农业专业合作社。

陈×以传承传统手工美食、农耕文化为己任，借助石泉得天独厚的优秀自然条件，以"无化肥农药、无转基因、无化学添加"为努力方向。同时，陈×结合乡土文化，在每一款农产品和包装上加上红纸或红绳寄托思念和喜庆。通过包装，让用户看到产品从而想起自己的童年和青涩的过往与回忆。每一位消费者收到这样的农产品包装后，自然而然想起童年、乡情，内心产生共鸣，激发购买欲望。

辩证性思考

陈×的农产品"走俏"的原因是什么？

任务1　农产品包装

3.1.1　农产品包装的概念与功能

1. 农产品包装的概念

包装是在流通过程中保护产品,方便储运,促进销售,按一定的技术方法所用的容器、材料和辅助物等的总体名称;也指为达到上述目的在采用容器,材料和辅助物的过程中施加一定技术方法等的操作活动。

农产品包装是指对农产品实施装箱、装盒、装袋、包裹、捆扎等,也指采用适当的包装材料、容器和包装技术,将农产品包裹起来,以使农产品在运输和仓储过程中保持其价值和原有状态的包装材料及包装技术活动。

2. 农产品包装的功能

(1)保护功能。农产品包装主要在于最大限度地保护包装对象的寿命和品质,防止天然因素的破坏,以保护其内容、形态、品质和特性。

(2)方便功能。农产品包装作为农产品物流的起点,主要的功能是可方便物流的其他环节,如装卸、搬运、储存和运输,能提高仓库的利用率,提高运输工具的装载能力。

(3)销售功能。在农产品质量相同的条件下,精致、美观、大方的包装可以激发消费者的购买欲望和购买动机,从而产生购买行为。

3.1.2　农产品包装的基本要求

1. 农产品包装材料的分类

(1)塑料包装。塑料包装材料及容器因其来源丰富、成本低廉、性能优良等优点在农产品保鲜包装中用得最多。生鲜农产品的生命活力与其本身的特性及环境因素相关。这种相关的因素和特性使塑料包装材料可通过施加一定的技术处理而得到保鲜。

(2)纸质包装。对于农产品纸质包装,此类纸制品要求防潮、保温、杀菌等功能。此外纸具有许多优良的特性,原料广,造价低,便于回收和自行降解。这些特性在包装上发挥了重要作用,农产品及食品都可用纸质包装,粮食用纸器,新鲜蔬菜用纸袋,果品用纸箱。

(3)金属包装。金属包装材料具有优良的性能,具有阻气、隔光、保香的功能,对许多气体具有阻隔的效果,同时可阻隔紫外线。

(4)玻璃和陶瓷包装。它具有耐风化、抗腐蚀和密封性好的性能。其包装形状、色彩、造型丰富多彩,而且不会变形和耐热阻燃,易于清洗和反复使用,同时制造方便且原料丰富。

(5)纳米复合材料包装。活性自由基具有很高的能量,能够氧化分解各类有机物,最易生成二氧化碳和水,对于果蔬保鲜包装非常有用。纳米二氧化钛在光的照射下会产生氧化性很强的活性自由基,这些活性自由基可使蛋白质变性,抑制微生物的生长甚至杀死微生物,可有效灭菌。对于果蔬保鲜包装非常有效。

2. 农产品包装容器的分类

(1)筐类。它包括荆条筐、竹筐。筐类一般就地取材、价格低廉,但规格不一致,质地粗糙,不牢固,极易对农产品造成伤害。

(2)木箱。它包括木板、条板、胶合板或纤维板为材料制作的各种规格的长方形箱。木箱弹力大、耐压、抗湿、自重大、价格高,使用越来越少。

(3)纸箱。纸箱,特别是瓦楞纸箱发展速度快,在包装水果、蔬菜中使用广泛,其自重小,可批量生产,有利于装卸、搬运。

(4)网袋。用天然或者合成纤维编织成的网状袋子,多用于马铃薯、红薯、洋葱、大蒜等根茎类农产品包装。且网袋包装费用较低,轻便,还可以回收重复利用。

3. 农产品的包装设计理念

包装设计除了满足保护农产品、储存产品等基本功能以外,还要美观、有一定的文化内涵,有独特的卖点才能吸引消费者,获得较好的经济效益。好的农产品包装可以减少农产品在储藏和运输过程中不必要的二次污染,同时对农产品的品牌也起到了良好的宣传效果,一举两得。

4. 农产品包装的标识与标记

农产品包装物上标注或者附加标识标明品名、产地、生产者或者销售者名称、生产日期。有分级标准或者使用添加剂的,还应当标明产品质量等级或者添加剂名称。未包装的农产品,应当采取附加标签、标识牌、标识带、说明书等形式标明农产品的品名、生产地、生产者或者销售者名称等内容。

农产品标识所用文字应当使用规范的中文。标识标注的内容应当准确、清晰、显著。销售获得无公害农产品、绿色食品、有机农产品等质量标志使用权的农产品,应当标注相应标志和发证机构。禁止冒用无公害农产品、绿色食品、有机农产品等质量标志。畜禽及其产品、属于农业转基因生物的农产品,还应当按照有关规定进行标识。

3.1.3 农产品的包装技术

1. 防潮包装

防潮包装是指对农产品进行包封时采用具有一定隔绝水蒸气能力的材料,隔绝外界湿度对产品的影响,使农产品能在恒温和恒湿的条件下保存。这对果蔬的保鲜具有非常重要的意义。如中药材,若是较贵重的药材,如虫草、鹿茸等,可先用密封袋封装或防潮纸包裹。茶叶是一种干品,极易吸湿受潮而产生质变,它对水分、异味的吸附很强,而香气又极易挥发。

2. 防霉包装

防霉包装是为防止农产品在受霉菌作用时发生霉变和腐败,使物品质量受到损害而采取的一定防护措施的包装。如豆制品,大豆含有较高的油分和非常丰富的蛋白质,较难贮藏,长期安全贮水分含量必须在12%以下,最好在9%~10%,超过13%有霉变危险。入仓前要将破损粒、冻伤粒、虫蛀粒和病变粒剔除干净,提高贮藏稳定性。入仓后经过一段时间,种子进行后热作用,放出大量湿气和热量,即入仓后3~4周,应趁晴天进行倒仓通风散湿,结合过筛除杂,防霉变。

3. 真空包装

真空包装技术可以减少包装袋内氧气的含量,防止食品腐败变质。多采用塑料及塑料与纸和铝箔等复合软包装材料进行真空包装,如块茎类蔬菜和硬质水果可采用此包装技术,防止蔬菜老化。

4. 气调包装

气调包装通常与冷藏相结合,冷藏基础上的气调包装具有安全、卫生、经济、保鲜效果良好等其他保鲜包装所无法比拟的优点,在国内外得到广泛应用。

5. 无菌包装

无菌包装是使接触物品的包装材料、容器进行无菌处理,并在无菌环境中进行物品包装。

6. 保鲜包装

保鲜包装是使新鲜水果、蔬菜在一定时间和条件下能保持原有产品色、香、味的一种包装方法。如肉类食品需放到冷藏冰箱中保存,为保持色、香、营养。

3.1.4 农产品包装的运作流程

农产品的包装需要经过采收农产品,然后进行挑选、剔除或者清洗,接着是分级,对不同的农产品采用不同的包装材料和包装技术进行合理的包装,最后贴上标签来识别农产品的信息。有了合理的包装,就有可能使农产品在运输途中保持良好的状态,减少因互相摩擦、碰撞、挤压而造成的机械损伤,减少病害蔓延和水分蒸发,避免农产品散堆发热而引起腐烂变质。包装还可以使农产品在流通环节保持良好的稳定性,提高商品率和卫生质量。同时,包装是商品的一部分,是贸易的辅助手段,为市场交易提供标准的规格单位，免去销售过程中的产品过秤，便于流通过程中的标准化，也有利于机械化操作。所以适宜的包装不仅对于商品流通十分重要，而且对提高商品质量和信誉也是十分有益的。

1. 水果的包装流程

由于果实在生长发育过程中受外界多种因素的影响，同一母树，甚至同一枝条的果实也不可能一样，而从若干果园收集起来的果品，必然大小不一，良莠不齐。所以包装水果的第一步需要分级，才能按级定价、收购、销售、包装。通过挑选分级、剔除病虫害和机械伤果，既可使产品按大小分级后便于包装标准化，又可减少在贮运中的损失，减轻一些危险病虫害的传播，并将这些残次产品及时销售或加工处理，以降低成本和减少浪费。接着是清洗，清洗是采用浸泡、冲洗、喷淋等方式水洗或用干毛刷刷净某些果蔬产品，特别是块根、块茎类蔬菜，除去粘附着的污泥，减少病菌和农药残留，使之清洁卫生，符合商品要求和卫生标准，提高商品价值。清洗之后就是对水果的防腐处理，这在国外已经成为商品化不可缺少的一个步骤，我国许多地方也广泛使用杀菌剂来减少采后损失。进出口水果时，植物检疫部门经常要求对水果进行灭虫处理，才能够放行。因此，出口国必须根据进口国的要求，出口前对水果进行适当的杀虫处理。然后就是对水果的保鲜，通过打蜡在水果表面形成一层蜡质薄膜，可改善果蔬外观，提高商品价值；阻碍气体交换，降低果蔬的呼吸作用，减少养分消耗，延缓衰老；减少水分散失，防止果皮皱缩，提高保鲜效果；抑制病原微生物的侵入，减轻腐烂。若在涂膜液中加入防腐剂，防腐效果更佳。我国市场上出售的进口苹果、柑橘等高档水果，几乎都经过打蜡处理。最后用纸箱、网袋或者竹篮进行包装。如图3-1所示。

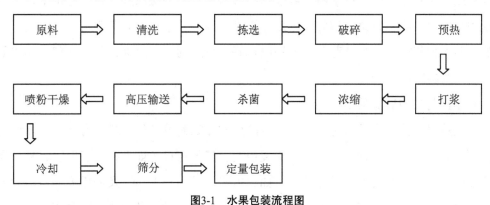

图3-1 水果包装流程图

2. 蔬菜的包装流程

按照规范要求分拣出新鲜完好的蔬菜，其余的丢弃；将精选出来的蔬菜按要求使用保鲜膜/盒包裹，蔬菜有质量问题重新分拣；将包好保鲜膜的蔬菜按要求放入筐内，蔬菜有质量问题或保鲜膜破损的重新分拣；将装满菜的筐运送到装箱区域，按要求进行装箱，蔬菜质量有问题或保鲜膜破损的重新分拣；装箱后对每一箱蔬菜进行称重，不符合要求的重新分拣；称重后将箱子整齐码放于运输车上，按要求入库并记录。如图3-2所示。

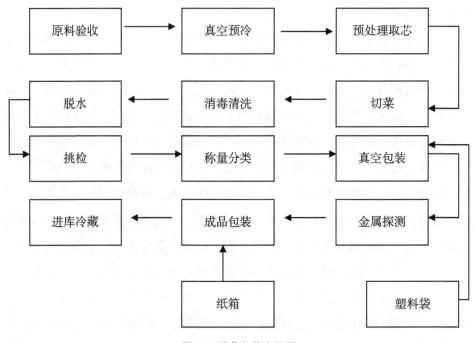

图3-2　蔬菜包装流程图

3. 鲜活农产品的包装流程

需保鲜的产品，尤其是切好了的产品，如鲜肉类、菌类、鲜辣椒、水果、去皮蒜瓣等都可以放置在方形的黑色塑料盒或者透明塑料盒外包一层保鲜膜，贴上价格标签。清洗处理好的葱、半颗花菜、切好的冬瓜、切好的西瓜、半颗卷心菜都可以直接用保鲜膜包装，贴上价格标签。整棵蔬菜用保鲜膜包好。海鲜则需要冷冻包装，在包装箱里面铺一层冰或两层冰。

4. 中药材的包装流程

一般药材多使用麻袋做包装，其中有的药材（如蒲黄、松花粉、海金沙）需内衬布袋。矿石类、贝壳类药材使用塑料编织袋包装。贵重药材（如人参、三七）、易变质药材（如枸杞子、山茱萸）、易碎药材（如鸡内金、月季花），以及需用玻璃器皿做内包装的药材（如竹沥），宜选用瓦楞纸箱做包装，箱内多衬防潮纸或塑料薄膜，箱面涂防潮油或箱外包裹麻布、麻袋，再用塑料带捆扎。受压不易变形、破碎的药材，宜选用打包机压缩打包，压缩打包件外可选用麻布或粗平布、塑料编织布裹包，有的药材需内衬防潮纸（如莲须、藿香），质地柔软的花、叶、草类药材，还需在包外加竹片或荆条、紫槐条制成的支撑物，包外用麻绳、棕绳或铁元丝捆扎。

3.1.5 农产品包装的发展趋势

1. 农产品包装专业化

农产品包装的未来发展趋势之一，即农产品包装的专业化。专业化是指产业部门中根据生产的各个过程而分成各个部门，这个过程就是专业化。那么农产品包装的专业化则是根据包装的特性而在农产品包装上下功夫。农产品包装的专业化，一要明确范围，做好针对化的包装。二要高度地运用专业的技术，使得农产品的包装具有较高的专业程度。三要进行长期的包装专业化教育，使得农产品包装得到专业化的改进。

现在，有些农产品，如新鲜蔬菜，从运输到销售基本没有包装，因此在运输与销售的时候造成很大的损耗，而在零售时又给蔬菜淋水造成蔬菜丢失原来的味道。因此，要提高农产品的经济效益，就需要从农产品包装专业化抓起。第一是运输过程中的包装，特别是中远途的运输。此种包装应该是简易的，防止挤压，反复使用，成本低廉。第二是在农产品的生产基地加工，进行先进技术的专业化的包装，实现专业化，提高经济效益。第三是现在包装的限制要求农产品包装材料的改进。

2. 农产品包装标准化

标准是指在世界各地各种业务用来开发产品、服务和相关体系的一种技术用语，而标准化是科学技术向生产力转化的枢纽，也是实现社会化、集约化生产的重要基础。而农产品包装标准化工作进程，包括包装材料、包装技术要求、包装标识、包装制造等的标准化，特别是有关于农产品包装标准应该是强制性的。不仅如此，我国的农产品包装标准化应该是与国际农产品包装标准化相接轨的，这样才会有利于我国农产品出口贸易的进行，从而推动经济效益的增加。

针对农产品包装，我国质量监督检验检疫总局发布了关于无公害农产品安全和产地环境的8项法规，这对农产品包装的规范化、标准化起到了积极的作用。这8项国家标准包括蔬菜、水果、畜禽肉、水产品4类农产品，每一类农产品都有"安全要求"和"产地环境要求"两个标准。其中与农产品包装有关系的标准分别是：《农产品安全质量无公害蔬菜安全要求》《农产品安全质量无公害水果安全要求》《农产品安全质量无公害畜禽肉产品安全要求》《农产品安全质量无公害水产品安全要求》。

"农产品安全质量"8项国家标准是以现行相关标准为依据，以农产品生产过程中产生的、易在农产品及人体内残留、对人体有害的污染物质为重点，综合有关省的"无公害农产品"地方标准中对农产品产地的土壤、水质、大气质量和产品安全质量要求制定的，其中农产品包装尤为重要。在这些法规的约束下，农产品包装标准化带来的益处是十分明显的。

3. 农产品包装品牌化

包装的品牌化是一个较为宽泛的概念，它指的是针对品牌概念所做的整体商业文化的包装，从形象系统、品牌文化传播到商业环境的设计等一系列行为，从而形成一个对品牌完整的塑造体系。农产品包装的品牌化即是在农产品的市场运作中，对农产品包装进行的形象设计，商标注册以及品牌的传播。

在激烈的市场竞争中，我国的农产品包装的品牌化进行得不太乐观，主要问题是有不少农民在进行农产品的包装时，不重视突出自己的商标品牌，而在进行包装时，也不印上自己的注册商标，这不利于农产品市场的科学竞争，失去了农产品的地方特色带来的经济效益。

从我国现状来看，农产品包装品牌化是必然要进行的，品牌化策略在农产品包装中的运用，其目的是发挥促销功能，增强农产品的品牌竞争力。现如今，品牌消费成为主流，大多数顾客在购买农产品时都会比较注重包装的品牌，这就更说明包装品牌化的重要性。所以我国农产品包装的品牌更趋向于具体化，突出表现农产品的地域特征，产品本身的特色以及所传递的文化品质。

4. 农产品包装绿色化

包装绿色化是指用天然植物和有关矿物质为原料研制成对生态环境和人类健康无害，有利于回收利用、易于降解、可持续发展的一种环保型的包装，这应从绿色材料、包装技术和发展绿色包装产业等方面实现农产品包装绿色化，如图3-3～图3-5所示。

现如今，无公害绿色农产品已经成为市场的宠儿，但是许多农产品在选择包装时，却并没有配上"绿色"包装，大多都是塑料制品，使"绿色"大打折扣，不仅在特定温度下会产生对人体的危害，而且影响了我国农产品进入国际市场的前进脚步，因此绿色化的农产品包装已是大势所趋。农产品包装绿色化的发展方向是其包装产品从原料的选择、产品的制造到使用和废弃的整个生命周期，均应符合生态环境保护的要求，争取做到保护环境和节约资源，这就要求企业管理者对农产品包装进行一个大方向的变更，对比各类包装材料的利弊，选择危害较小的，统一进行革新，是我国农产品包装的绿色化走上正轨。

图3-3　可循环利用包装标志　　　　图3-4　绿色环保产品包装标志

图3-5　绿色农产品标志

任务2　农产品流通加工

3.2.1　农产品流通加工的概念

农产品流通加工是农产品从生产地到消费地的物流过程中，根据实际需要对农产品实施的除杂、分级、洗涤、涂蜡、预冷、包装和贴标签等加工活动，如超市向供应商订购初级产品时，供应商就要按照超市的要求进行必要的流通加工活动，同时超市也要根据消费群体的需要，对农产品进行必要的流通加工，以提供多样化、个性化的产品或服务。

3.2.2　农产品流通加工的主要方式

1. 分级

分级是提高农产品商品质量和实现农产品商品化的重要手段。农产品采后经严格挑选、分级工序，选择大小均一、色泽一致、无病虫和无损伤的农产品，可以减少农产品在储运流通期间的损失，避免危险性病虫害的传播。

（1）分级标准。农产品分级标准化是非常重要的工作，是生产者、贸易商和销售者三者之间互相关联的纽带，标准化的农产品便于包装、储存、运输和销售，农产品附加值大，经济效益高。

农产品分级标准有国际标准、国家标准、协会标准和企业标准。果品的国际标准是1954年在日内瓦由欧共体制定的，许多标准已经过重新修订。目前，农产品国际标准体系已基本涵盖主要果品和蔬菜种类。《中华人民共和国标准化法》根据标准的适应领域和范围，把标准分为四级：国家标准、行业标准、地方标准和企业标准。

国家标准是国家标准化主管机构批准发布，在全国范围内统一使用的标准。

行业标准即专业标准、国家部委标准，是在没有国家标准的情况下，由主管机构或专业标准化组织批准发布，并在某个行业范围内统一使用的标准。

地方标准是在没有国家标准和行业标准的情况下，由地方制定、批准发布，并在本行政区内统一使用的标准。

企业标准由企业制定，在本企业内统一使用。

我国自1999年实施农业行业标准制定、修订专项计划以来，已经制定和发布一大批果品农业行业标准。

果品分级标准因种类、品种不同而异。我国目前通行的做法是在果形、新鲜度、颜色、品质、病虫害和机械伤等方面已经符合要求的基础上，再按果实大小进行分级，如我国出口的红星苹果，直径从65～90毫米，每相差5毫米为一个等级，共分为五个等级。

蔬菜由于食用部分不同，很难有一个固定统一的分级标准，只能按照各种蔬菜对品质的要求制定标准，一般分为三级，即特级、一级和二级。特级蔬菜的品质最好，具有本品种的典型形状和色泽，没有影响蔬菜组织和风味的内部缺点，大小一致，包装排列整齐，在数量或重量上可以有5%的误差；一级蔬菜与特级有同样的品质，在色泽、形状上允许少有缺点，外表稍有缺点，不需要整齐地排列在包装箱内，可以有10%的误差；二级蔬菜可以呈现某些内部和外部缺陷，价格低廉。

（2）分级方法。采后农产品的分级应该在通风凉爽的地方或有低温控制的包装间进行。农产品的分级方法有人工分级和机械分级两种。

1）人工分级。人工分级是目前我国农产品产地和中小型企业主要的分级方法，能最大限度地减少农产品的机械伤害，适用于多种农产品，但是工作效率低，级别标准有时不严格。具体方法有两种：一是单凭人的视觉判断，按照农产品的外观颜色、大小将农产品分为若干等级，该方法容易受人的心理因素影响，结果偏差较大；二是用选果板分级，板上有一系列直径大小不同的孔，根据果实横径大小进行分级，该方法使得同一级别的农产品大小基本一致，偏差较小。

2）机械分级。机械分级的最大优点是工作效率高，适用于那些不易受伤的农产品。有时为了使分级标准更加一致，机械分级常常与人工分级结合进行，目前我国已经研制出分级机，主要有重量分级装置、形状分级装置、颜色分级装置和综合分级装置。重量分级装置按照被分级的农产品重量与预先设定的重量进行比较分级，多用于苹果、梨、桃、番茄、西瓜、马铃薯等农产品的分级，主要有机械称式和电子秤式两种类型。形状分级装置是按照被分级农产品的形状、大小进行分级，有机械式和光电式等不同类型，颜色分级装置是根据农产品的颜色进行分级。农产品的颜色代表农产品的成熟度，如利用颜色摄像机和电子计算机处理红、绿两色型装置可用于番茄、柑橘和柿果的分级，可以同时判断出果实的颜色、大小及表皮有无损伤情况。综合分级装置既根据果实着色程度又根据果实大小进行分级，是目前世界上最先进的果实采后处理技术。

2. 洗涤

洗涤的主要目的是去除农产品表面的尘垢、泥沙及农药残留，可以同时美化农产品的外观、降低农产品储存期间的腐烂率，农产品常用浸泡、冲洗、喷等洗涤方式。

3. 贴标

贴标是农产品商品化处理的重要环节，是加快实施农产品品牌战略、发展农产品标准化、精细化、国际化的必要环节。在世界范围内，越来越多的销售商为分级后的农产品贴标，以显示农产品的标准信息。

 实用链接

对标签纸的要求

（1）安全性。用于农产品的不干胶标签，应使用食品级的胶黏剂，对人体健康无影响。

（2）黏接性。标签贴在农产品表面上要贴得牢，特别是对表面粗糙、多毛或涂蜡的果品，要轻柔且牢固地贴上标签。

（3）易揭性。一是在保证标签不与底纸自行分离的前提下，标签与底纸间要有良好的剥离性；二是指贴在农产品表面上的标签既要粘得牢，也要容易揭去。

（4）防水性。有的上标签的农产品在冷藏条件下需要保存较长时间，因此要求标签要在冰冷与潮湿的冷藏情况下具有良好的防水性。

（5）抗拉性。自动贴标机都是牵动标签底纸来移动标签的，标签底纸要有良好的抗拉断性。

4. 涂蜡

涂蜡可减少农产品采后失水、保持品质新鲜、增加农产品表面光泽度、美化农产品的外观，从而提高农产品商品价值。

（1）涂蜡的分类和应用。目前应用的大多数蜡涂料都是以石蜡和巴西棕榈蜡混合作为基础原料的。石蜡可以很好地控制失水，而巴西棕榈蜡能使农产品产生诱人的光泽。近年来，含有聚乙烯、合成树脂物质、乳化剂和润湿剂的蜡涂料被逐渐应用，它们常作为杀菌剂的载体或作为防止衰老、生理失调和发芽抑制剂的载体，我国开发的吗啉脂肪酸盐果蜡（CFW果蜡），是一种水溶性果蜡，可以作为水果和蔬菜采后商品化处理的涂蜡保解剂，其质量已经达到国外同类产品水平。虫胶以2号、3号涂料的性能比较稳定，效果好。虫胶涂料溶液通常用水冲稀搅拌均匀后使用，加水量一般为涂料重的1～4倍，虫胶涂料最好随配随用，稀释后的虫胶不宜久存，每1千克虫胶可涂果品1吨左右。

（2）涂蜡处理的方法。浸涂法。将涂料配成一定浓度的溶液，把水果和蔬菜浸入溶液中，一定时间后，取出晾干、包装、储藏和运输。这种方法耗费蜡液多，不易掌握涂膜厚薄。刷涂法。用细软毛刷或在柔软的泡沫塑料上涂料液，在果实表面涂刷以至形成均匀的涂料薄膜。喷涂法。水果和蔬菜清洗干燥后，喷涂上一层均匀的薄层涂料。

 实用链接

涂蜡应注意的事项

一是涂蜡应厚薄均匀、适当。二是涂蜡材料，混用的增色剂必须安全无毒、无损人体健康。涂蜡材料必须为食用蜡和食用色素，而且使用剂量必须在国家安全标准内。三是要成本低廉，使用方法简便，材料易得，便于推广。四是涂蜡处理只能在一定的期限内起辅助作用，只能对短期储藏、运输或上市前的农产品进行涂蜡处理，或农产品储藏之后上市之前的处理，以改农产品的外观。对长期储藏的农产品，涂蜡处理应该慎重。

 项目案例分析

成都昆山农产品物流有限公司是一家专门从事农副产品种植、加工、包装、采购及配送的专业化大型农产品物流企业。公司专业为涉及航空、学校、医院、司法、厂矿，企事业单位以及中高档酒店配送及加工蔬菜、水果、水产、海鲜、肉类、家禽、粮油、干杂调味品等全套服务。公司本着"诚信经营、共谋发展"的企业宗旨，目前已与多家知名企事业单位建立长期的合作关系。

公司作为双流县政府招商引资企业，投资1 200余万元，在位于双流金桥镇的成都昆山现代都市农业园区内修建了占地50余亩的生产加工基地。公司积极发展无公害农产品生产基地，努力推进标准化种植，严格按照农产品绿色化标准包装，引进工业化管理理念，积极打造无公害农产品初、深加工龙头企业，为双流县昆山都市农业园区的基地推广起到了促进作用。公司于2012年11月被评为双流县级农业产业化经营重点龙头企业；2012年12月通过中国质量认证中心ISO9001：2008质量管理体系认证。

公司依托园区数万亩生产种植区和数百家农产品种植专业公司，真正做到田间生产、就地加工、及时包装、定时配送，更好地兑现了低价格、高品质的客户承诺。通过"产品产地→公司→客户"的生产模式，最大限度地减少客户与产品生产者之间的流通环节，极大地降低了客户的生产生活成本，并且公司本着"服务至上、顾客至上"的理念，为每位客户提供专业、周到、细致的服务。根据客户的要求，改进服务质量和水平。

同时，公司依托十几年合作关系建立的长期供货商群，从源头控制成本和质量，能充分保证为服务客户提供的干杂、粮油、水果及海产品的数量、质量和价格优势；确保货物都出自证照齐全厂家，每批次产品都能提供完善的出厂检验报告、合格证等相关资质。

但公司在取得快速发展的同时也面临着一系列问题，如目前公司虽然共有百余名员工，但员工文化程度不高，专业素质较低，大专以下学历占90%，大专以上仅占10%。同时，公司的员工培训制度也尚未完善。这都极大地制约了公司农产品物流规模的发展及技术水平的研发。

公司在农产品物流中投资额逐年增加，但是大多用于配送方面，如购买运输设备、建立配送中心等，而在农产品的采后加工及包装方面所占比例不到总体的30%。由于资本投入的不足，大量的农产品包装及加工工作没有做好，大批的粮食、水果、奶、肉及水产品腐烂变质，造成了巨大的损失。

此外长期以来，公司农产品物流中比较重视运输与配送，而忽视了农产品的保鲜包装和贮藏。在发达国家的农产品物流行业，农产品的保鲜贮藏损失率只在1.7%～5.0%；但在该公司，果蔬损失率达20%～30%，粮食平均损失也有14.8%。不但不能体现农产品应有的商品价值，更难解决果蔬的异地销售和非季节供应等问题。降低果蔬产品腐烂损失，提高农业资源的利用率，增加农产品附加值，已成为公司农产品物流中的一项紧迫的任务。统计数字显示，如果公司的果蔬损耗降低3%～5%，每年可减少果品损耗200吨。如降低损耗15%，果蔬产值可增加20万元。

（资料来源：http://www.cdksv.cn/）

辩证性思考

根据成都昆山农产品物流有限公司发展中存在的问题，提出你的合理性解决措施。

项目检测

知识目标检测

1. 什么是农产品包装?
2. 对农产品包装方法的要求是什么?
3. 农产品有哪些包装技术?
4. 农产品流通加工的主要方式有哪些?

能力目标检测

检测项目:选择一家农产品企业,对该企业进行农产品包装与流通加工分析。

检测目的:通过检测,进一步熟悉、掌握农产品包装方式和流通加工的方式,能够进行农产品包装与流通加工的分析。

检测要求:由班级学习委员组织全员分团队对农产品物流企业包装与流通加工进行分析讨论,教师进行评价。

项目4　农产品配运

项目目标

知识目标

熟悉农产品运输的概念，掌握农产品运输的方式；熟悉农产品配送的形式，掌握农产品配送的基本作业环节。

能力目标

能够运用农产品配运知识，对农产品物流企业进行农产品运输与配送分析。

项目导入案例

上海联华生鲜食品加工配送中心的物流配送

上海联华生鲜食品加工配送中心有限公司是联华超市股份有限公司的下属公司，主营生鲜食品的加工、配送和贸易，公司总占地面积22 500平方米。其中包括生产车间、冷库、配送场地、待发库、仓库（地下室）、办公楼等。运输车辆46辆（其中24辆为制冷保温车）保证商品安全生产，快速流通。

上海联华生鲜食品加工配送中心总投资6 000万元，建筑面积35 000平方米，年生产能力20 000吨，其中肉制品15 000吨，生鲜盆菜、调理半成品3 000吨，西式熟食制品2 000吨。产品结构分为15大类，约1 200种生鲜食品；在生产加工的同时配送中心还从事水果、冷冻品以及南北货的配送任务。上海联华生鲜食品配送中心的配送范围覆盖联华标超、快客便利、世纪联华、华联吉卖盛、联华电子商务等两千余家门店，为企业的快速发展奠定基础。

上海联华生鲜食品加工配送中心的物流配送的成功经验：

1. 订单管理

门店的要货订单通过联华数据通信平台，实时地传输到生鲜配送中心，在订单上标明各商品的数量和相应的到货日期。生鲜配送中心接收到门店的要货数据后，立即生成到系统中生成门店要货订单，此时可对订单进行综合的查询，在生成完成后对订单按到货日期进行汇总处理，系统按不同的商品物流类型进行不同的处理，包括：储存型的商品，中转型商品，直送型商品，加工型商品。

2. 物流计划

在得到门店的订单并汇总后，物流计划部根据第二天的收货、配送和生产任务制订物流计划。计划包括人员安排、车辆安排、批次计划、线路计划、生产计划以及配货计划等。

（资料来源：https://wenku.baidu.com/view/9a5423c508a1284ac8504383.html）

辩证性思考

谈谈上海联华生鲜食品加工配送中心的物流配送的成功经验有哪些？

任务1 农产品运输

4.1.1 农产品运输的概念

农产品运输是指借助运输工具实现农产品在空间上的位移活动。由于农产品受气候、土壤等因素的影响，具有较强的地域性，农产品收获后，除少部分就地供应外，大量产品需要转运到人口集中的城市、工矿区和贸易集中地销售。农产品运输在生产者与消费者之间架起了桥梁，便于实现异地销售，是农产品流通过程中必不可少的重要环节。

4.1.2 农产品运输方式及特点

农产品运输的方式主要有5种：铁路运输、公路运输、水路运输、航空运输以及集装箱运输。不同的运输方式具有不同的特点。

1. 铁路运输

铁路是国民经济的大动脉，铁路运输是使用铁路列车运送客货的一种运输形式。铁路运输的特点：铁路的单位路面运货量比较大，铁路运输的准确性和连续性强，铁路的运输速度比较快，运输量比较大，铁路运输成本较低，铁路运输安全可靠，铁路运输初期投资大，铁路运输受铁轨的铺设限制比较大。

铁路运输主要承担长距离、大数量的货运，在没有水运条件的地区，几乎所有大批量货物都是依靠铁路来运输的。铁路运输成本略高于水路干线运输，为汽车平均成本的1/5左右，在农产品运输体系中发挥着重要作用。

铁路运输的工具是列车，根据运输过程中列车的使用情况，铁路运输分为三种：整车运输、零担运输和集装箱运输（见表4-1）。

表4-1 运输过程中列车的使用情况

项　目	特　点
整车货物运输	托运人向铁路托运货物的重量、体积或形状需要以一辆及以上火车运输时，应按整车运输的方式向铁路承运人办理托运手续。 可选择整车运输方式的产品有需要冷藏、保温或加热运输的农产品；按规定限制整车办理的危险货物；易于污染其他货物的污染品；不宜计算件数的货物如蜜蜂，未装容器的活动物，重量超过2吨、体积超过3米或者长度超过9米的一批货物
零担货物运输	托运人向铁路托运货物的重量、体积、形状不需要以一辆及以上货车运输时，可按零担运输的方式向铁路承运人办理托运手续，其托运货物可与其他托运货物共放一个车厢
集装箱运输	集装箱运输是利用集装箱运输货物的方式，是一种既方便又灵活的运输措施

由于需求不同，货运车辆的种类有很多，如棚车、敞车、平车、罐车、保温车、特种车等。农产品运输中常用的是棚车（见图4-1）和保温车（见图4-2）。

图4-1　棚车　　　　　　　　　　　　　　图4-2　保温车

2. 公路运输

公路运输主要是指使用各种车辆，包括汽车、人力、畜力车等运输工具在公路上进行运输的方式。虽然公路运输具有运载量小、耗能大、运输效率低、道路不平时振动大、产品易损伤等缺点，但其具有较强的灵活性和适应性，且无须对货物进行分装即可直接送往销售地，还可以到达没有铁路的偏远地区，极大地扩展了运输辐射半径，最适合时效性很强的水果、蔬菜、鲜活水产品、花卉等中短途距离运输。

公路运输的特点：机动灵活、点多面广，短程运输成本比较低，公路运输投资大、收效快，港口集散能力强，公路运输更容易实现门到门运输，公路运输载重量小、长距离成本较高等。

公路运输按照其服务方式不同，可以分为零担运输和整车运输（见表4-2）。

表4-2 公路运输的服务方式

项 目	含 义	形 式
零担运输	零担运输指所运输的货物从承运至送达收货人手中,整个过程需要经过分拣拼装的环节才能完成的运输组织方式。 一般来讲,货物重量在3吨以下的货物,办理零担运输	零担运输产生于两种情况:其一,被运送的货物批量太小,直达运输不经济;其二,由于道路通行条件等原因,为了达到快捷、经济运送的目的而选用零担快运的组织方式
整车运输	整车运输是指从接货承运直到送达收货人整个运送过程,货物不需经过分拣拼装的运输组织方式。 一般来讲,货物重量在3吨以上的货物,可以办理整车运输	整车运输方式在基本作业流程中简化了货物的装卸分拣作业过程,货物由发货人起运可以直接快运到收货人手中

 实用链接

我国的公路分级

公路根据使用任务、功能和适应的交通量划分为5个等级,高速公路具有特别重要的政治、经济意义,为专门供汽车分向分车道行驶并全部控制出入的公路,分为四车道、六车道、八车道的高速公路。一般能适应按各种汽车折合成小客车的远景设计,年平均昼夜交通量为25 000辆以上。

一级公路为连接重要政治、经济中心,通往重点工矿区、港口、机场、供汽车分向、分车道行驶的公路,年平均昼夜交通量为15 000~30 000辆。

二级公路一般能适应按各种车辆折合成中型载重汽车的远景设计,年平均昼夜通量3 000~7 500辆。

三级公路一般能适应按各种车辆折合成中型载重汽车的远景设计,年平均昼夜交通量为1 000~4 000辆。

四级公路一般能适应按各种车辆折合成中型载重汽车的远景设计,年平均昼夜交通量为:双车道1 500辆以下,单车道200辆以下。

农产品公路运输的主要工具是货运汽车。货车又分为普通载货汽车(见图4-3)、厢式货车(见图4-4)、专用载货汽车、牵引车等。

图4-3 普通货车　　　　　　　　　　图4-4 厢式货车

普通载货汽车按载货量的不同分为小型、中型和重型三类。小型货车载货吨位在2吨以下，多为低货台，人力装卸较方便，主要用于市内集货、配送运输。中型货车载货在2~8吨，主要用于市内运输；在我国城市之间、乡村地区使用较多。重型货车载货在8吨以上，一般为高货台，主要用于长途干线运输。

厢式货车具有载货车厢，且有防雨、隔绝等功能，安全性好，可防止货品散失、盗失等，但由于自重较重，无效运输比例较高。厢式货车按开门方式分为后开门式、侧开门、两侧开门、侧后双开门式、顶开式和翼式等类型。后开门式适用于后部装卸，方便手推车进入，车厢与站台接靠，占用站台位置较短，有利于多车辆装卸；侧开门式适用于边部叉车装卸，货车侧部与站台接触，占用站台长度较长；顶开式适用于吊车装卸；翼式适用于两侧同时装卸。因此，这种载货汽车广泛用于商业和邮件运输等各种服务行业，是农产品配送的主要工具。

3. 水路运输

水路运输是指使用船舶在通航水道进行客货运输的运输方式。水路运输的特点：运量大，通达性好，运费低廉，对货物的适应性强，运输的速度慢，风险大，运输限制比较大。

水路运输包括河运和海运，水路运输的优点是行驶平稳，由振动引起的损伤少、运量大、运费低廉。我国的水运货物周转量已逐渐上升到各种运输方式中的第一位。但水路运输因受自然条件的制约，限制在水网地带及沿海，在我国内河水路运输的中转环节往往较多，等待时间长，运输速度慢，影响果蔬产品的质量。因此，我国水运适合承担时效不强的粮食、棉花等大宗农产品的长距离运输。海上运输在国外发展速度很快，多以外置式冷藏集装箱及冷藏船为运输工具。这为果蔬运输中的保鲜提供了便利。因此，果蔬的国际贸易，主要是靠海上冷藏运输的。海运是最便宜的运输方式，与公路、铁路、航空运输相比费用较低。船舶是水路运输系统的重要组成部分，是水路运输的必要运输工具。常见的运输船舶有散货船（见图4-5）、集装箱船（见图4-6）、滚装船（见图4-7）、冷藏船（见图4-8）等（见表4-3）。

图4-5　散货船

图4-6　集装箱船

图4-7　滚装船

图4-8　冷藏船

表4-3　常见的运输船舶方式

项目	特点
散货船	散货船是专门运输谷物、矿砂、煤炭及散装水泥等大宗散装货物的船舶，特点是单层甲板，尾机型，船体肥胖，航速较低，因常用专用码头装卸，船上一般不设装卸货设备，通常载重量为3万吨左右，少数能达到几十万吨。散货船一般为单向运输，为使船有较好的空载性能，压载水量较大，常在货舱两侧设有斜底边舱
集装箱船	集装箱船是载运规格统一的标准货箱货船，因装卸效率高、经济效益好等优点而得到迅速发展，集装箱运输的发展是交通运输现代化的重要标志之一。集装箱船的特点是船型尖瘦、舱口尺寸大、便于装卸，通常船上无装卸设备，由码头装卸，以提高装卸效率
滚装船	滚装船类似于汽车与火车渡船，它将载货的车辆连货带车一起装船。到港后一起开出船外，适用于装卸繁忙的短程航线，也有向远洋运输发展的趋势
冷藏船	冷藏船是使鱼、肉、水果、蔬菜等易腐食品处于冻结状态或某种低温条件下进行载运的专用运输船舶。因受货运批量限制，冷藏船吨位不大，通常为数百吨到数千吨。近年来，为提高冷藏船的利用率，出现了一种能兼运汽车、集装箱和其他杂货的多用途冷藏船，吨位可达2万吨左右。冷藏船航速高于一般货船，万吨级多用途冷藏船的航速每小时超过20海里

4. 航空运输

航空运输是指使用各种航空器进行运输的一种形式，航空的特点是运送速度快，安全准确，手续简便，节省包装、保险、储存和利息等费用，航空运输运载量小、运输成本高等。

航空运输因其速度快、安全准确、不受各种地形限制等优势，近年来在农产品运输中发展很快。航空运输平均送达速度比铁路快6～7倍，比水运快近30倍，特别适于运输一些时效性极强的特殊农产品、鲜活产品、贵重产品或要求时间紧的产品。常见的航空运输类型有包机运输、集中托运和航空快递业务（见表4-4）。

表4-4 常见的航空运输类型

项 目	特 点
包机运输	包机运输方式可分为整包机和部分包机两类，指航空公司按照与租机人事先约定的条件及费用，将整架飞机或部分舱位租给包机人，从一个或几个航空港装运货物至目的地
集中托运	集中托运是将若干票单独发运的、发往同一方向的货物集中起来作为一票货，填写一份总运单发运到同一到站，再由当地货运代理人收货、报关并分拨给各实际收货人的做法。 集中托运可争取较低的运价，并可使货物到达航空公司到达地点以外的地方，延伸了航空公司的服务，方便了货主。目前，集中托运在世界范围内已普遍开展，成为我国进出口货物的主要运输方式之一
航空快递业务	航空快递业务又称"航空急件传送"，是目前国际航空运输中最快捷的运输方式，由一个专门经营快递业务的机构与航空公司密切合作，设专人用最快的速度在货主、机场、收件人之间传送急件，特别适用于急需的药品、医疗器械、贵重物品、图纸资料、货样及单证等的传送，被称为"桌到桌"运输。这是一种最为快捷的运输方式，急送运达时间一般在一两天甚至数个小时，特别适合于各种急需物品和文件资料。航空运输装备由航空港、航空线网和机群组成。航空港是航空运输的经停点，是供飞机起降的场地及设施，由飞行区、运输服务区和机务维修区组成。航空线网由航线、航路组成。飞机用于承载旅客与装卸货品，客货两用飞机的下层舱为货舱，货机在定期航线上专门运输货物

5. 联运

由两种及两种以上交通工具相互衔接、转动而共同完成的运输过程称为复合运输，我国习惯上称为"多式联运"。农产品联运是指农产品从产地到目的地的运输全过程使用同一运输凭证，采用两种及两种以上不同的运输工具相互衔接的运输过程，如铁路、公路联运、水陆联运江海联运等。国外普遍采用的联运方式是：将集装箱装在火车的平板上或轮船内，到达终点站或港口时，将集装箱卸下来，装车后进行短距离的公路运输，直达目的地。联运可以充分利用各种运输工具的优点，克服交通不便，促进各种运输方式的协作,简化托运手续,缩短运输时间,节省运费。

4.1.3 农产品运输合理化

农产品运输可以分为两大类:一是大宗农产品运输,二是生鲜农产品运输。这两种农产品在运输上具有各自独特的特点。

1. 大宗农产品运输的特点

(1)大宗农产品生产的季节性对农产品运输提出了很大的挑战。大宗农产品的生产具有明显的季节性,比如大米、玉米等,而所提供的运力却具有一定的刚性,这样就容易造成大宗农产品运输需求和供给之间的不平衡,有时供过于求,造成运力的浪费,有时供不应求,造成大宗农产品运力紧张的局面。

(2)大宗农产品运输对农产品的保管提出了很高的要求。由于大宗农产品水分含量比较高,在对大宗农产品运输过程中要注意通风工作,避免大宗农产品发汗形成水珠,致使货物遭受汗渍,然而大宗农产品又怕受潮,在对大宗农产品进行运输过程中,也要加强运输过程中的密封工作,避免运输过程中遭受雨淋,从而导致货物受损,所以在对大宗农产品进行运输时,要求非常严格的管理作业。

(3)大宗农产品运输要求各环节协调能力强。大宗农产品先由农户收割,通过分散运输达到农产品归仓,再把分散在各家各户的大宗农产品集中在一起进行运输,最后则通过分散运输把大宗农产品输送给各个消费者,在整个过程中,对运输的协调工作提出了挑战,如果运输之间协调不得当,就会大大地提高大宗农产品的运输成本,从而降低大宗农产品的市场竞争力。

2. 生鲜农产品运输的特点

(1)生鲜农产品需要先进的农产品保鲜和加工技术支持。运输保鲜技术和加工能力是制约农产品运输质量的关键问题。"新鲜"是生鲜农产品的价值所在,但由于大部分生鲜农产品的自然特性,如含水量高、保鲜期短、受气候影响大等因素,因此极易腐烂变质,从而大大限制了运输半径和交易时间,同时造成农产品在运输过程中损耗特别大,增加了生鲜农产品运输的成本,从而也提高了农产品在销售地的价格,降低了农产品销售的竞争力。

(2)生鲜农产品要求运输时间比较短。生鲜农产品从进入销售程序后,保质时间比较短,这样要求生鲜农产品尽快进入消费状态。生鲜农产品的运输时间尽可能短,这样相应地就能为生鲜农产品的销售争取时间,因此,尽可能使生鲜农产品生产和消费空间距离比较短。在运输过程中,要对生鲜农产品的运输环境进行不间断的监测,使生鲜农产品处于适宜的环境之中,比如生鲜农产品所处的温度、湿度等。

（3）生鲜农产品运输应该实行"绿色通道"。对生鲜农产品最好先确定进入消费环节的渠道，然后组织运输，在对生鲜农产品运输过程中实行"绿色通道"，在运输之前或之后再去完成运输过程中的各种手续，这样就能大大降低生鲜农产品在运输过程中的损耗，并且减少农产品的运输时间，为农产品的销售创造有利条件。

3. 农产品运输的基本要求

新鲜农产品与其他商品相比，运输要求较为严格，我国地域辽阔，自然条件复杂，在运输过程中气候变化难以预料，加之交通设备和运输工具与发达国家相比还有很大差距，因此，必须严格管理，根据农产品的生物学特性，尽量满足农产品在运输过程中所需要的条件，才能确保运输安全，减少损失。

（1）**快装快运**。农产品采后仍然是一个活的有机体，新陈代谢作用旺盛，由于断绝了从母体的营养来源，只能凭借自身采前积累的营养物质的分解，来提供生命活动所需要的能量。农产品呼吸越强，营养物质消耗越多，品质下降越快。所以，运输中的各个环节一定要快，使农产品迅速到达目的地。

（2）**轻装轻卸，防止机械损伤**。合理的装卸直接关系到农产品运输的质量，因为绝大多数农产品的含水量为80%～90%，属于鲜嫩易腐性产品。如果装卸粗放，产品极易受伤而导致腐烂，这是目前运输中存在的普遍问题，也是引起农产品采后损失的一个主要原因。因此，装卸过程中一定要做到轻装轻卸。

（3）**防热防冻**。任何农产品对温度都有严格的要求，温度过高，会加快产品衰老，使品质下降；温度过低，使产品容易遭受冷害或冻害。此外，运输过程中温度波动频繁或过大都对保持产品质量不利，现代很多交通工具都配备了调温装置，如冷藏卡车、铁路的加冰保温车和机械保温车等。目前，我国这类运输工具的应用还不是很普遍，因此，必须重视利用自然条件和人工管理来防热防冻。

4. 农产品运输合理化的措施

影响运输合理化的因素很多，起决定性作用的是运输距离、运输环节、运输工具、运输时间、运输费用。运输合理化主要采取以下措施：

（1）**提高运输工具实载率**。充分利用运输工具的额定能力，减少车船空驶和不满载行驶时间。农产品配送及铁路运输中采用整车运输、合装整车、整车分卸及整车零卸等具体措施，都是提高实载率的有效措施。

（2）**发展社会化的运输体系**。运输社会化的含义是发展运输的大生产优势，实行专业分工，打破一家一户自己发展运输的状况。社会化运输体系中，各种联运体系是水平较高的一种方式，联运方式充分利用面向社会的各种运输系统，通过协议进行一票到底的运输，有效打破了一家一户的小生产，受到广泛欢迎。

（3）加强流通加工，提高运输合理化。加强流通加工是追求运输合理化的一种重要形式，其要点是通过减少中转、过载、换载从而提高运输速度，节省装卸费用，降低农产品在中转过程的损耗，从而大大提高运输效率。由于鲜活农产品本身的形态及特性问题，很难实现运输的合理化，如果进行适当加工，就能够有效解决合理运输问题，如将其净化处理、标准化包装、以减少腐烂或变质。水产品及肉类预先在其夹层放冰块降温，可提高车辆装载率并降低运输损耗。

（4）发展先进运输技术和运输工具。我国鲜活农产品多以自然形态运销，80%～90%的水果、蔬菜、禽肉、水产品在露天非冷库和保温场所装车，用普通卡车敞开式运输，至多上面盖一场帆布或塑料布，有时棉被成了最好的保温材料。裸露、非冷藏的粗放运输方式，增加了在运输、分销、零售等多次装卸过程中的二次污染机会。用冷库、冷藏保温车等保持和延长鲜活农产品的物理性；用专用散装车及罐装车解决粉状、液状物运输损耗大、安全性差等问题；用滚装船解决车载货的运输问题；集装箱船比其他船舶能容纳更多的箱体，集装箱调整直达车船，加快了运输速度等，这些都是用先进科学技术实现运输合理化的途径。

5. 加快农产品物流标准化进程

根据农产品物流市场的自身特点，应制定适宜农产品物流的标准体系，加强农产品物流标准化工作。参考国外物流及相关标准，结合我国农产品物流的实际，研究农产品的生产、采购、运输、存储、装卸、搬运、包装、流通加工配送以及信息处理等标准需求，为形成规范的农产品物流标准体系打下基础。大力推进农业的标准化生产，把标准化贯穿于产前、产中以及产后的加工、包装、产品质量检验等环节上，把农业生产的全过程纳入规范化、标准化的轨道，实现农产品的优质化、品牌化；加快农产品运输工具标准的制定，取消"裸露运输"即开放式运输，大量采用厢体运输作为公路货物运输的主载体，减少货物丢失、损坏交通、危害人身安全、污染环境等诸多隐患。

6. 加强对农产品物流保鲜技术的研发

首先，研究农产品的包装技术。包装是物流的重要环节之一，它是生产的终点，物流的起点，在储存、运输、销售过程中具有保护功能、定量功能和标识功能，其作用在于保护产品，以防商品被污染或腐烂变质，在销售过程中起到美化宣传的作用，提高产品的增加值。应根据不同产品的特性，不断改进包装，发展农产品包装的标准化、礼品化、系列化。其次，研究农产品物流的冷冻技术。加强农产品储存和设备的开发生产，推动我国农产品冷藏保鲜物流的发展，降低储运环节的损耗率，扩大冷藏货运车辆的生产和营运，淘汰不符合公路及食品卫生标准的车辆，保障冷藏货物的质量。另外，还要加强粮库、糖库、保鲜库、冷藏库的建设，增加温控设备和防潮设备。

7. 大力开发和研制冷藏、保温汽车及冷藏火车、轮船等专用运输工具

目前我国的冷藏、保温汽车市场与发达国家相比尚处于发展初期。美国的冷藏、保温车拥有量为16万辆,日本为12万辆,而我国只有2万辆。发达国家易腐货物采用冷藏运输所占比率为80%~90%,而我国仅约15%,所以要加大力度开发和研制冷藏、保温汽车及冷藏火车、轮船等专用运输工具。

8. 建立农产品运输"绿色通道"

一般运输途中的检查、交费等方面会花费一部分时间,为了减少农产品的运输时间,可以为农产品的运输建立"绿色通道",省略掉对农产品运输中途的检查、交费等手续,采取运输前的一站式服务,在农产品进行运输前就把所有的手续都办理完毕,做到特事特办。我国对鲜活农产品运输已经出台了实施不扣车、不卸载、不罚款"三不"政策,同时加快全国高效绿色通道建设。现在我们应该加大力度贯彻执行国家的"三不"政策,使农产品真正能够货通其流。

任务2 农产品配送

4.2.1 农产品配送的概念与特点

1. 运输与配送的区别

配送是指在经济合理区域范围内,根据客户要求,对物品进行拣选、加工、包装、分割、组配等作业,并按时送达指定地点的物流活动。配送是物流中一种特殊、综合的活动形式,商流和物流紧密结合,包含了商流活动和物流活动,也包含了物流中若干功能要素的一种形式。运输与配送的区别如下(见表4-5)。

表4-5 运输与配送区别一览表

项目	运输	配送
运输性质	干线运输	支线运输、区域运输、末端运输
货物性质	运输则是少品种、大批量	多品种、少批量
运输工具	大型货车或铁路运输、水路运输的重吨位的运输工具	小型货车,一般不超过2吨的载重量
管理重点	注重效率,以效率优先	服务优先
附属功能	装卸和捆包	主要包括装卸、保管、包装、分拣、流通加工、订单处理等

2. 农产品配送的概念

农产品配送是指按照农产品消费者的需求,在农产品配送中心、农产品批发市场、

连锁超市或其他农产品集散地进行加工、整理、分类、配货、配装和末端运输等一系列活动,最后将农产品交给消费者的全过程。

3. 农产品配送的特点

(1) 配送网点分布众多,运输装卸次数多。由于农业生产点多,面积大,消费农产品的地点也很分散,农产品运输和装卸比工业产品要复杂得多,单位产品运输消耗的社会劳动大。一般的农产品企业设置几个较大的配送中心,由这些配送中心再向小配送中心供货,由小配送中心再向用户配送。造成这种现象的主要原因是城市交通的限制以及为了及时满足用户需求,企业不得不在距离用户较近的居民区设置大量配送点。因此,只有科学规划农产品物流流向,才能有效地避免对流、倒流、迂回等不合理运输现象。

(2) 配送技术要求较高。农产品具有鲜活易腐性,须在流通中采取有效的措施,才能保证农产品合乎质量要求进入消费者手中。鲜活农产品物流配送需要冷藏库、冷藏运输车、加工车间等一系列冷链处理。一般来说,农产品在流通环节需要分类、加工、整理等工作,在农产品储运过程中部分农产品需要特殊容器和设备。农产品流通比工业产品流通具有更强的资产专用性,运输成本也更高。

(3) 配送范围区域性,运输受限不均。由于农产品生产具有区域性,而人们的需求是多样的,因而需要不同区域间进行流通交易。但是由于农产品的鲜活易腐性,即使采取了保鲜等措施,仍会有一定比例的损耗,而且这个比例会随着时间和距离的加大而迅速增加,使流通成本上升,这限制了农产品的流通半径。在生鲜加工配送环节,因生鲜产品保温保鲜和加工制作周期等诸多原因,大大限制了生鲜农产品配送中心的服务支持半径,使其不同于常温产品的配送方式。

(4) 配送风险大,安全问题严峻。目前,鲜活食品的经营日益成为超市卖场的主打,但这一部分产品的物流配送也日益成为所有配送商品中流通风险最大的。农产品物流风险主要来自三方面:一是农产品生产和消费的分散性,使得经营者难以取得垄断地位,市场信息极为分散,难于全面把握市场供求信息及竞争者信息。二是农业生产的季节性强,生鲜农产品上市时,如果在短时间内难以调节,会使市场价格波动过大,这种现象在我国农产品流通中经常出现。三是以鲜活形式为主的农产品,限制了农产品跨区域间和跨季节间的即时调节,这使农产品物流和加工配送具有更大的相对经营风险。

由于我国鲜活农产品在储藏、加工、运输等环节没有严格的温度标准,微生物等有害物质会大量滋生或造成二次污染,影响了农产品品质,严重威胁食品卫生安全,食品安全问题表现突出。

4.2.2 农产品配送的形式

1. 定时配送

定时配送是按规定的时间间隔进行配送，每次配送的品种、数量可按计划执行，也可以在配送之前以商定的联络方式通知配送时间和数量。定时配送可以区分为日配、准时配送和快递方式，见表4-6。

表4-6 定时配送的方式

配送形式	特　点
日配	日配是接到订单要求后，在24小时之内将货物送达的配送方式。一般日配的时间要求大致为：上午的订单下午即可送达，下午的配送要求第二天早上送达
准时配送	准时配送是按照对方的协议时间，准时将货物配送到用户处的一种方式。其特点是根据用户的生产节奏，按指定的时间将货物送达。这种方式比日配更为精密，利用这种方式，连"暂存"的微量库存也可以取消，实现零库存
快递方式	快递方式能在较短的时间内实现送达服务，但不明确送达的具体时间。在农产品快递服务中，必须注意时间问题，所以快递方式一般比较少用

2. 定量配送

定量配送是按规定的批量在一个指定的时间范围内进行配送。这种配送方式由于配送数量固定，备货较为简单，可以通过与用户的协商，按托盘、集装箱及车辆的装载能力确定配送数量，以提高配送效率。

3. 定时定量配送

定时定量配送是按照规定的配送时间和配送数量进行配送，兼有定时配送和定量配送的特点，要求配送管理水平较高。如农产品配送中心对一些超市每天定时定量进行农产品配送。

4. 定时定路线配送

定时定路线配送是在规定的运行路线上制定到达时间表，按运行时间表进行配送，用户可按规定路线、站点和规定时间接货，并提出其他配送要求。一般大型连锁集团会针对连锁超市实行这种方式。

5. 应急配送

应急配送是完全按用户突然提出的配送要求随即进行配送的方式，是对各种配送服务进行补充和完善的一种配送方式，主要应对用户由于事故、灾害、生产计划的突然变化等因素所产生的突发性需求以及一般消费者经常出现的突发性需求，如奥运期间的农产品应急配送。然而，这种配送业务实际成本很高，难以用作经常性的服务方式。

4.2.3 农产品配送的基本作业环节

农产品配送是一个产品集散过程,不同的农产品配送企业其具体的业务流程有所不同。一般都包括备货、理货和送货三个环节。

1. 备货

备货是准备货物的系列活动,包括筹集货物和存储货物。筹集货物是由订货、进货、集货及相关的验货、结算等一系列活动组成的。存储货物是订货、进货活动的延续。在配送活动中,货物存储有两种表现形态:一种是暂停形态,另一种是储备形态。前者指按照分拣、配货工序要求,在理货场地储存少量货物。后者是按照一定时期配送活动要求和货源的到货情况有计划地确定的长期备货形态,它是使配送持续运作的资源保证。

2. 理货

理货是配送的一项重要内容,也是配送区别于一般送货的重要标志。理货包括分货、配货、分类和包装等经济活动。货物分拣是指从储存的货物中选出用户所需要的货物。分拣货物需要采用适当的方式和手段,一般采取两种方式(见表4-7)。

表4-7 分拣货物的方式

项 目	特 点
摘果式分拣	摘果式分拣,就好像在果园中摘果子一样去拣选货物,具体做法是:作业人员拉着集货箱(或分箱)巡回走动,按照分拣单上所列的品种、规格、数量等信息,将客户所需要的货物挑出并装入集货箱内。在一般情况下,每次拣选只为一个客户配装
播种式分拣	播种式分拣,形似于田野中的播种操作那样去拣选货物。具体做法是:将一批客户的订单汇总,以同品种商品为配货单位形成若干拣货单,分拣时先持拣货单从储存仓位上集中取出某商品,将商品按客户的各自需求量分放到对应货位,暂储待运。再按同样的方法去拣取其他商品,直至全部订单配货完毕

3. 送货

送货是配送活动的核心,也是备货和理货工序的延伸。在农产品物流活动中,送货实际上就是货物的运输。由于配送中的送货需面对众多的客户,并且要多方向运动。因此,在送货过程中,常常进行三种选择:运输方式、运输路线和运输工具。

按照配送合理化的要求,必须在全面计划的基础上,制订科学的、距离较短的货运路线,选择经济、迅速安全的运输方式并选用适宜的运输工具。通常,汽车是农产品配送中主要的运输工具。

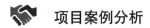 **项目案例分析**

蒙牛物流解密

物流运输是乳品企业重大挑战之一。蒙牛目前已经拓展到全国各个角落,其产品远销到香港、澳门,甚至还出口东南亚。蒙牛要如何突破配送的瓶颈把产自大草原的奶送到更广阔的市场呢?另外一个重要的问题是,巴氏奶和酸奶的货架期非常短,巴氏奶仅10天,酸奶也不过21天,而且对冷链的要求最高。从牛奶挤出运送到车间加工,直到运到市场销售,全过程巴氏奶都必须保持在0~4℃,酸奶则必须保持在2~6℃贮存。这对运输的时间控制和温度控制提出了更高的要求。为了能在最短的时间内、有效的存储条件下以最低的成本将牛奶送到商超的货架上,蒙牛物流采取了以下措施:

1. 缩短运输半径

对于酸奶这样的低温产品,由于其保质日期较短,加上消费者对新鲜度的要求很高,一般产品超过生产日期三天以后送达商超,商超就会拒绝该批产品,因此,对于这样的低温产品,蒙牛要保证在2~3天送到销售终端。

为了保证产品及时送达,蒙牛尽量缩短运输半径。在成立初期,蒙牛主打常温液态奶,因此奶源基地和工厂基本上都集中在内蒙古,以发挥内蒙古草原的天然优势。牛奶的产品线扩张到酸奶后,蒙牛的生产布局也逐渐向黄河沿线以及长江沿线伸展,使牛奶产地尽量接近市场,以保证低温产品快速送至卖场、超市。

2. 合理选择运输方式

目前,蒙牛产品的运输主要有汽车和货车集装箱两种。蒙牛在保证产品质量的原则下,尽量选择费用较低的运输方式。对于路途较远的低温产品运输,为了保证产品能够快速地送达消费者手中,保证产品的质量,蒙牛往往采用成本较高的汽车运输。例如,北京销往广州等地的低温产品,全部走汽运,虽然成本高出很多,但在时间上能有保证。

为了更好地了解汽车运行的状况,蒙牛还在一些运输车上装了GPS系统,GPS系统可以跟踪了解车辆的情况,比如车辆是否正常行驶、所处位置、车速、车箱温度等。蒙牛管理人员在网站上可以查看所有安装此系统的车辆信息。GPS的安装,给物流以及相关人员带来了方便,避免了有些司机在途中长时间停车而导致货物未及时送达或者产品途中变质等情况的发生。像利乐包、利乐砖这样保质期比较长的产品,则尽量依靠内蒙古的工厂供应,因为这里有最好的奶源,与公路运输相比更能节省费用。

在火车集装箱运输方面，蒙牛与中铁集装箱运输公司开创了牛奶集装箱"五定"班列这一铁路运输的新模式。"五定"即定点、定线、定时间、定价格、定编组，"五定"班列定时、定点，一站直达有效地保证了牛奶运输的及时、准确和安全。

2013年7月20日，首列由呼和浩特至广州的牛奶集装箱"五定"班列开出，将来自于内蒙古的优质牛奶运送到了祖国大江南北，打通了蒙牛的运输"瓶颈"。目前，蒙牛销往华东、华南的牛奶中，80%依靠铁路运到上海、广州，然后再向其他周边城市分拨。现在，通过"五定"列车，上海消费者在70个小时内就能喝上草原鲜奶。

3. 全程冷链保障

低温奶产品必须全过程都保持2~6℃，这样才能保证产品的质量。蒙牛牛奶在"奶牛—奶站—奶罐车—工厂"这一运行序列中，采用低温、封闭式的运输。无论在茫茫草原的哪个角落，"蒙牛"的冷藏运输系统都能保证将刚挤下来的原奶在6小时内送到生产车间，确保牛奶新鲜的口味和丰富的营养。出厂后，在运输过程中，则采用冷藏车保障低温运输。在零售终端，蒙牛在其每个小店、零售店、批发店等零售终端投放冰柜，以保证其低温产品的质量。

4. 使每一笔单子做大

物流成本控制是乳品企业成本控制中一个非常重要的环节。蒙牛节省物流费用的方法是尽量使每一笔单子变大，形成规模后，在运输的各个环节上就都能得到优惠。比如利乐包产品走的铁路，每年运送货物达到一定量后，在配箱等方面可以得到很好的折扣。而利乐砖产品走的汽运，走5吨的车和走3吨的车，成本要相差很多。

此外，蒙牛的每一次运输活动都经过了严密的计划和安排，运输车辆每次往返都会将运进来的外包装箱、利乐包装等原材料和运出去的产成品做一个基本结合，使车辆的使用率提高了很多。

（资料来源：https://wenku.baidu.com/view/7822d78583d049649b665836.html）

辩证性思考

简述蒙牛物流运输采取了哪些措施？

项目检测

知识目标检测

1. 农产品运输的方式有哪些?
2. 简述农产品运输合理化的措施。
3. 简述农产品配送的特点。
4. 农产品配送的形式和基本作业环节有哪些?

能力目标检测

检测项目：选择一家农产品企业，对该企业进行农产品运输与配送分析。

检测目的：通过检测，进一步熟悉、掌握农产品运输与配送的方式，能够进行农产品运输与配送的分析。

检测要求：由班级学习委员组织全员分团队对农产品物流企业运输与配送进行分析讨论，教师进行评价。

项目5　农产品仓储

项目目标

知识目标

熟悉农产品仓储的分类，掌握农产品仓储管理和仓储保管的方法。

能力目标

能够运用农产品仓储知识，对农产品物流企业进行农产品仓储分析。

项目导入案例

河南省粮食每年因储藏不当损失超35亿斤

据中国之声《央广新闻》报道，目前河南的小麦已经颗粒归仓，但连日来的阴雨天气也给农户家里的粮食储藏带来难题，据统计，河南每年因储藏不当损失的粮食就超过35亿斤。这么大的损失主要是因为大部分农户家里的储藏条件有限，设施简陋，造成老鼠偷吃、虫子咬、粮食霉变。河南已经连续两周都出现了大范围的降雨天气，这种天气导致不少农户家里储存的粮食因防潮性差而出现霉变，这样发霉的粮食就算浪费掉了。据河南粮食部门调查，从农户收打到家到第二年5月份，小麦的产后损失率在5%~8%，以玉米为代表的秋粮的产后损失在8%~11%，全省全年的产后损失平均在8%以上。河南总共有2 089万个农户，户均存量大概在1 091公斤，这样一年产后损失达35.52亿斤，一般农民手中都会留一两千斤的粮食供自己家消费。另外部分农户想等待好的市场行情也会库存较多粮食，所以减少损失的关键就是要尽量采用质量较好的小型粮仓。目前，河南省启动了农户科学储粮专项建设工作，为农民配置小粮仓。在郑州登封市的不少村民家里就有这种小粮仓，它使用彩钢板制作，仓体底部还有专用防潮垫。据村民介绍，这个小粮仓能储粮1 000公斤，由于有财政补贴，造价300多元，他们出资80元就能认购。经过测算，这个小粮仓的使用能把这个粮食产后损失率从8%降到2%以内。目前，河南已累计为登封、永城、原阳等地的7万农户配置了科学储粮小粮仓，计划明年还将为农户配套5万个小粮仓。

（资料来源：2012年07月11日 11:15 中国广播网）

> **辩证性思考**
> 河南省粮食每年损失超35亿斤的原因是什么?

任务1 农产品仓储

5.1.1 农产品仓储的概念

仓储就是指通过仓库对商品与物品的储存与保管,农产品仓储是指通过仓库对农产品进行储存和保管的过程。

5.1.2 农产品仓储的作用

1. 时间效用

仓储的目的是消除物品生产与消费在时间上的差异。由于自然条件、作物生长规律等因素的制约,农产品的生产往往具有季节性,而消费者的需求却是长年的、连续的。为使农产品满足消费者的需求,农产品生产经营者利用仓库储存农产品进行时间上的调节,以确保在农产品生产的淡季也能满足消费者的日常需求,这种储备保障了消费需求的及时性需要,创造了明显的时间效用。

2. 空间效用

农产品生产与消费的矛盾主要表现在生产与消费地理上的分离。农产品的生产主要在农村区域,而消费农产品的消费者则遍及全国各个区域。随着交易范围的扩大,农产品生产与消费在空间上的矛盾也逐渐扩大,农产品仓储通过选择靠近人们生活区的位置建立仓库,防止人们购买农产品时出现短缺现象,拉近农产品产地与市场的距离,为人们提供满意的仓储服务,体现出明显的空间效应。

3. 调节供需矛盾

随着社会分工的进一步发展,专业化生产发展逐步深入。生产者将自己的资源集中到生产效率最高的项目上,需要进行商品交易才能满足自己对其他商品的需求。农产品生产者也需要把农产品放到市场上进行交换,这就要求通过农产品仓储来调节生产与消费方式上的矛盾。

4. 实现农产品增值

现代仓储的功能已由保管型向流通型转变,即仓库由原来的储存、保管货物的中心向流通、销售的中心转变。仓库不仅具有仓储、保管货物的设备,而且还增加分袋、配套、捆装、流通加工等设施。通过对农产品进行简单加工,不仅满足客户的多样化需求，方便消费者，也实现了农产品自身价值的增加。

5.1.3 农产品仓储的分类

1. 按农产品仓储经营主体划分

（1）农产品自有仓储。农产品自有仓储的目的是为了满足本部门农产品的存储需要。

（2）农产品营业仓储。农产品营业仓储是仓库所有者以其拥有的仓储设施，向社会提供商业性仓储服务的仓储行为。仓储经营者与存货人通过订立仓储合同的方式建立仓储关系，并且依照合同约定提供服务和收取仓储费用。

（3）农产品公共仓储。国家或公共团体为了公共利益建设的仓体称为"公共仓库"，即为公共事业配套服务的仓库，主要是对车站和码头的农产品作业和运输流畅起支撑和保障作用。

（4）农产品战略储备仓储。农产品战略储备仓库是国家根据国防安全、社会稳定的需要，对农产品实行战略储备，并通过政府进行控制，通过立法、行政命令的方式进行管理，由执行战略物资储备的政府部门机构进行运作。战略储备特别重视储备农产品的安全性，且存储时间长，农产品主要包括粮食、油料等。

2. 按农产品仓储功能划分

农产品储存仓储是指农产品较长时期存放的仓储。储存仓储一般设在较为偏远但具有良好交通运输条件的地区，存储费用低。农产品储存仓储的农产品品种少，存量大。由于农产品储存仓储存期长，储存时要特别注重两个方面：一是仓储费用尽可能要降低，二是要加强对农产品的质量保管和养护。

（1）农产品物流中心仓储。农产品物流中心仓储是指以物流管理为目的的仓储活动，是为了有效实现物流的空间与时间价值，对物流的过程、数量、方向进行调节和控制的重要环节。一般设置在位于一定经济地区中心、交通便利、储存成本较低的口岸。农产品物流中心仓储基本上都是较大批量进货和进库，一定批量分批出库，整体吞吐能力强，所以对机械化、信息化、自动化水平要求高。

（2）农产品配送仓储。农产品配送仓储也称为"农产品配送中心仓储"，是指农产品在配送交付消费者之前所进行的短期仓储，是农产品在销售或者供应生产使用前的最后储存，并进行销售或使用前的简单加工与包装等。农产品配送仓储一般通过选点设置在商品的消费经济区间内，要求能迅速地送达销售地点和消费者。

（3）农产品运输转换仓储。农产品运输转换仓储是指连接铁路、公路、水路等不同运输方式的仓储，一般设置在不同运输方式的相接处，如港口、车站等库场进行的仓储。它的目的是保证不同运输方的高效衔接,减少运输工具的装卸和停留时间。农产品运输转换仓储具有大进大出以及存期短的特点,注重作业效率和农产品周转率,因此,农产品运输转换仓储活动需要高度机械化作业来支撑。

(4)农产品保税仓储。农产品仓储是指使用海关核准的保税仓库存放保税农产品的仓储行为。农产保税仓库一般设置在进出境口岸附近。保税仓库受到海关的直接监控,虽然说农产品也由存货人委托保管,但保管人要对海关负责,入库或者出库单据均需要由海关签署。

任务2 农产品仓储管理

5.2.1 农产品仓储管理的原则

农产品仓储管理在实施过程中应按照科学管理的原则,来实现高效的仓储管理,要遵循以下原则。

1. 面向通道进行保管

为使农产品方便搬运,容易在仓库内移动,应将农产品面向通道保管,同时也便于观察和识别物品。

2. 便于农产品实施"先进先出"

仓储管理中要体现存新推陈,对于易破损和易腐烂的农产品,应尽可能按"先进先出"的原则保证储存农产品的使用价值。

3. 根据出库频率选定位置

出货和进货频率高的农产品,即搬运次数高的农产品应放在靠近出入口和易于作业的地方。流动性差的农产品放在距离出入口稍远的地方,季节性农产品则依其季节特性来选定放置的场所。

4. 实施有效的分区分类储存

同种类农产品,运送同一区域的农产品,储存要求、物品性质及保管要求相同的农产品应在同一区域储存保管,以保证农产品的质量和管理效率。

5. 应根据农产品重量和形状等因素来安排农产品的保管位置

一般应把比较重且抗压的农产品放在货架的下层,把比较轻且容易碎的农产品放在货架的上层。

5.2.2 农产品储存管理

农产品储存管理包括入库前、入库中、入库后的管理。

1. 入库前的准备

对农产品进行合理的采摘，并做好入库前的处理，包括分级、分类、晾晒等，合理安排摆放位置和程序，尽力减少重复运输，避免迂回、对流运输，备好仓库、器械、做好仓库的清扫、消毒工作。

2. 入库管理

对入库农产品进行严格检验，挑出劣质农产品，合理摆放并对其做好详细记录。

3. 入库后的管理

入库后的管理是农产品储藏质量安全控制的核心环节，要合理地控制温度和湿度，防止虫、螨、鼠、霉等有害生物的侵害，防止各种人为的、自然的灾害，如偷盗、水灾、火灾等，定期检查农产品质量，如出现问题尽快解决。

4. 出库时的管理

要对产品种类和质量、车辆卫生状况、出货单据进行严格核准，防止错发、错运或延误时间。

5.2.3 农产品仓储保管的方法

1. 传统仓储

传统仓储是劳动人民在长期生产实践中发明创造出来的方法，如堆藏、沟藏、窖藏、通风库等简易储存方式。这类简易储存方式投资少，结构较简单，目前我国蔬菜果品储存中相当大一部分仍采用传统储存方法。

2. 低温储存

低温储存一般可以分为冷冻和冷藏两种方式。前者要将保藏物降到冰点以下，使水分部分或全部成冻结状态，动物性食品通常用此法。后者无冻结过程，通常降温至微生物和酶活力较小的温度，新鲜果蔬类常用此法。食品变质的原因是多样的，如果把食品进行冷冻加工，食品的生化反应速度大大减慢，使食品可以在较长时间内储存而不变质，这就是低温储存食品的基本原理。

3. 气调储存

气调储存是在冷藏保鲜的基础上，增加气体成分调节，通过对储存环境中温度、湿度和二氧化碳、氧气、乙烯浓度等条件的控制，来达到抑制果蔬的呼吸作用，延缓其新陈代谢过程的效果，更好地保持果蔬新鲜度和商品性，延长果蔬储存期和销售货架期。

4. 生物保鲜技术储存

生物保鲜技术原理主要有隔离农产品与空气的接触、延缓氧化作用、抑菌或杀菌、调节果藏生理代谢等。生物保鲜的方法主要有涂膜保鲜、天然提取物保鲜、生物酶保鲜、抗菌保鲜、微生物菌体次生代谢产物保鲜等。

辩证性思考

杭州生鲜农产品仓储管理

随着居民生活水平的不断提高,生鲜农产品市场的供需也在不断增长。人们不再局限于"吃饱",而更注重的是"吃好"。因此为减少生鲜农产品在运输过程中的损耗,进一步保障生鲜农产品的质量和食用安全,冷链物流的建设变得至关重要。杭州生鲜农产品的仓储物流管理的现状分析。

1. 生鲜农产品仓储物流现状

杭州位于中国东南沿海、浙江省北部。作为浙江省省会城市,杭州一直是浙江省的经济、政治、文化中心,生鲜农产品作为杭州居民必不可少的日常食用产品,仅靠杭州市本地农户生产完全不能满足当地人民日益增长的需求,必须依靠外省供给,因此杭州市生鲜农产品冷链物流存在着巨大的市场。

杭州市生鲜农产品冷链物流主要应用在以下几个方面:一是农产品批发市场与外省生鲜农产品供应商直接进行合作,由农产品批发市场经营者或供应商提供运输车或者物流外包给其他企业进行运输。这样的物流方式虽然交易环节简单,农产品量大且价格低廉,但远距离直接运输受各方面影响较大,若遇到突发情况未能及时到达,将会导致市场某些农产品无法供应,出现缺货现象。而且批发市场通常位于地价便宜、交通顺畅的郊区,大多城市消费者不会选择直接去批发市场购买。基于这样的情况,便产生了最常见的第二种城市冷链物流运输方式,即大型连锁超市或地方市场个体经营者与当地农产品批发市场合作,消费者再到当地超市或农贸市场购买。这样的物流方式虽然保证了货源的稳定,使消费者购买更加便利,但经过二次运输会增加物流成本与运输时间,生鲜农产品的新鲜程度基本与时间长久成正比,因此这种模式下的冷链物流也比上一模式更为严格。

2. 杭州生鲜农产品仓储管理发展存在的问题

(1)硬件设施陈旧落后。杭州电商发展迅速,为生鲜农产品冷链物流提供了巨大市场。但冷链系统仍处于初步发展阶段,并没有形成规模化、系统化、信息化的冷链系统。杭州市地区的冷库,设备老旧、功能单一、空间利用率和年利用率低,在淡季，冷库处于闲置状态，储藏量低，效用低下。而在旺季，冷库储量饱和，可能造成部分产品无法储藏的损失。且冷库成本高，自动化控制水平低。在向社会开放后，营运管理水平低，加剧了冷库的损坏，导致食品质量下降，造成较大经济损失。

（2）信息化程度较低。我国信息化平台正处于起步阶段，先进高效的信息化管理不足，缺乏冷链物流的全程监控和无缝对接，极大影响了生鲜农产品在运输途中的准时、准点、准确性，也造成了巨大的产品损耗和冷链物流成本浪费。杭州市绝大多数生鲜农产品批发中心难以做到信息的高效处理和准确传递。大多数物流运时仍以人工为主，缺少自动化的信息系统，企业与冷链物流联系的紧密度不高。

（3）第三方物流滞后。冷链物流较普通物流相比，最明显的一个特点就是难度大、成本高。因此，生鲜农产品冷链物流若完全由销售商负责，投入成本过高，供不应求，必然导致后期价格上升、产品质量难以控制。但杭州市第三方物流中的冷链发展不齐，缺乏设备、人才，政府相关的法律法规也尚未成熟，销售商会选择将物流外包给一家或者多家物流公司。

（4）对冷链物流运输知识不足，且在冷链管理上缺乏专业人才。冷链物流作为一种特殊的物流形式，其涉及的知识面、专业性、操作性远高于一般物流。杭州市更多的是从事传统物流，缺乏懂物流又懂冷链的复合型人才。

3.杭州生鲜农产品仓储管理发展对策

（1）政府给予政策支持。政府可积极引导，并给于资金补贴或政策引导。例如，冷链物流公司在购买冷藏车时给予一定优惠，鼓励民间资本投入冷链物流中，加强市内冷链物流运输的监管，严厉打击未按冷链要求运输的车辆，建立相关监督平台，使消费者能针对自己购买的生鲜农产品质量进行评价、监管，开通冷链物流的绿色通道等措施。

（2）构建以信息为主导的生鲜农产品仓储管理平台。利用互联网技术，在平台中跟踪生鲜农产品从生产地出发的一系列环节。如记录冷库的实时温度、储藏容量等，在冷链平台上公布这些信息，做到信息的透明化。这样一来，能做到生产、消费者、物流企业信息和资源共享，人人都有机会参与到仓储管理的监督中。供求双方借助互联网及时获取信息，避免了信息传递不及时或传递出错问题，这样既减少了双方时间成本，又能使资源合理利用达到最大效益，互利共赢。

（3）发展"互联网＋第三方冷链物流"的新模式。政府同企业可联合打造，将互联网、大数据、物联网等信息技术应用于冷链物流产业的转型升级中。在配送环节通过互联网的智能分析，确定最优路线，合理高效地将产品安全新鲜地送到消费者手中。做到合理高效的配送，实时准确的货物跟踪，快捷高质的为顾客服务。在运输过程中，以开发的冷链物流信息系统，实时跟踪生鲜农产品的运输情况，及时反馈，保证运输过程的迅速、透明化。在后期，提供高质量的顾客服务，建立消费者投诉机制，针对消费者提出的问题和建议，虚心接受、合理整改。

（4）培养专业人才。政府要大力普及冷链知识，研究创新冷链技术。可发挥互联网普及面广、传播速度快等特点，引导消费者全面认识仓储管理对生鲜农产品的必要性，引起消费者的重视和高度关注，培养消费者参与冷链物流监督体制的责任心。从企业角度出发，企业要加强人力资源管理，展开相关冷链专业技能方面培训，推动高素质人才队伍建设，提高员工素质。制定优秀员工奖励机制，吸引优秀人员为企业服务。引进专业人才、技术，提高企业综合竞争力。

（资料来源：天下农仓供应链2017—11—24 https://mp.weixin.qq.com/s）

辩证性思考

谈谈你对杭州生鲜农产品的仓储管理的看法？

项目检测

知识目标检测

1. 简述农产品仓储的作用。
2. 简述农产品仓储的分类。
3. 简述农产品仓储管理的环节。
4. 简述农产品仓储保管的方法。

能力目标检测

检测项目：选择一家农产品企业，对该企业进行农产品仓储分析。

检测目的：通过检测，进一步熟悉、掌握农产品仓储管理的方法，能够进行农产品仓储的分析。

检测要求：由班级学习委员组织全员分团队对农产品物流企业仓储进行分析讨论，教师进行评价。

项目6 农产品物流信息系统

项目目标

知识目标

熟悉农产品物流信息的概念、特征与农产品物流信息系统的功能;掌握农产品物流信息的相关技术。

能力目标

能够运用农产品物流信息系统知识,对农产品物流企业进行农产品物流信息系统分析。

项目导入案例

打造有身份的大米

慧云农产品溯源系统,给每一袋龙蛙大米制作了自己唯一的身份(二维码),完整记录这袋大米的品种、产地、种植、收割、加工、仓储、质检等全部信息,消费者只要扫描产品二维码,就能快速地查看龙蛙大米的详细信息。龙蛙农业同时配合使用慧云智慧农业监控系统,在每一位龙蛙客户的手机里,都安装了慧云智慧农业云平台。从播种的第一天起,消费者就可以随时随地跟踪生产过程,通过农场视频、实时采集的种植环境数据,了解黑土地的土壤温度、空气湿度、光照情况以及大米的长势,亲历生产全过程,真正做到全程掌控,提前预定,大幅提升用户黏性。龙蛙大米利用农产品溯源平台,在消费者和每一位龙蛙客户心中,建立并展示了绿色、有机、安全的良好品牌形象。

(资料来源:中国三农电商网)

辩证性思考

为什么要对农产品进行信息追溯?

任务1　农产品物流信息系统

6.1.1　农产品物流信息的概念

物流信息是反映各种物流活动内容的知识、资料、图像、数据和文件的总称，包括进货信息、库存信息和运输信息等。物流信息是在物流活动中产生及使用的信息，是物流活动在内容、形式、过程以及发展变化上的反映。物流与信息关系非常密切，物流从一般活动成为系统活动有赖于信息的作用，如果没有信息，物流则是一个单向的活动。只有靠反馈的信息，物流才能成为一个有反馈作用的，包括输入、转换、输出和反馈四大要素的现代系统。

农产品物流信息是反映农产品物流活动内容的知识、资料、图像、数据和文件的总称，是农产品物流活动内容、形式、过程以及发展变化的反映。

农产品物流信息有狭义与广义之分，狭义的农产品物流信息是指与农产品物流活动（如运输、保管、包装、装卸流通加工等）有关的信息；广义的农产品物流信息还包括与其他流通活动有关的信息，如农产品交易信息、市场信息等。

农产品物流信息具有市场交易、业务控制、工作协调和支持决策的功能。

6.1.2　农产品物流信息的特征

1. 信息量大、分布广

农产品物流信息的时间跨度和空间跨度都很大，即物流信息的产生、加工、传播和应用在时间、空间上不一致，方式也不同，导致物流信息量大且分布广泛。

2. 动态性强、时效性高

农产品物流信息处于不断变化的物流运作环境中，动态性极强，物流信息的价值衰减速度快，时效性强。这一特点对物流信息管理的及时性和灵活性提出了很高的要求。

3. 信息种类多

物流信息种类多，表现在不仅农产品物流系统内部各个环节有不同种类的信息，而且由于物流系统与其他系统（如生产系统）密切相关，因而还必须搜集这些物流系统外有关的信息。这一特点使得物流信息的搜集、分类、筛选、统计、研究等工作的难度增加。

4. 农产品物流信息趋于标准化

目前，物流企业间的信息一般都采用EDI（Electronic Data Interchange）标准，企业内部物流信息也拥有各自的数据标准。随着信息技术的成熟，农业企业物流信息系统的内外部信息标准可以统一起来,这样不仅简化了企业物流信息系统的开发,而且功能也会更强大。

6.1.3 农产品物流信息的分类

1. 按农产品物流信息的作用分类

(1) 计划信息。计划信息指尚未实现的但已作为目标确认的一类信息,如农产品物流量计划、仓库作业计划、与农产品物流活动相关的国民经济计划等。这种信息的特点是带有稳定性,信息更新速度较慢。

(2) 控制及作业信息。控制及作业信息是农产品物流活动过程中发生的信息,带有很强的动态性,是掌握物流现实活动状况不可缺少的信息,如农产品库存量、在运量和运输工具状况等。

(3) 统计信息。统计信息是农产品物流活动结束后针对整个物流活动归总的一种总结性、归纳性信息。虽然新的统计结果不断出现,从总体上来看具有动态性,但是已产生的统计信息都是一个历史性的结论,是恒定不变的。

(4) 支持信息。支持信息是能对农产品物流计划、业务、操作产生影响的相关科技、产品、法律、文化、教育等方面的信息。

2. 按农产品物流信息的活动领域分类

按农产品物流各个分系统和不同功能要素分,可以将农产品物流信息分为采购供应信息、仓储信息、运输信息等。

6.1.4 农产品物流信息系统

1. 农产品物流信息系统的概念

农产品物流信息系统是农产品信息的主要组成部分,通过对与农产品物流相关信息的收集、加工、处理、储存和传递来实现对农产品物流活动的有效控制和管理,并使通信据点、通信线路、通信手段网络化,为企业提供信息分析和决策支持的人机系统。它具有实时化、网络化、系统化、规模化、专业化、集成化等特点。

2. 农产品物流信息系统的特征

(1) 跨地域的系统。农产品生产与消费在空间上存在不一致性,与之相适应,农产品物流信息系统也必然存在跨地域对象的特点。例如,物流活动始于发出和接收订货,但通常发出订货的部门与接收订货的部门并不在同一个场所等等。

(2) 跨企业对象的系统。农产品物流系统不仅涉及农产品的生产、销售、运输、仓储等部门,而且与物流企业以及在物流活动上发生业务关系的仓储企业、运输企业和货代企业等众多的独立企业之间有着密切关系，农产品物流系统是由这些企业内外的相关部门和相关企业共同构成的。

这些相互独立的企业或部门各自按照自己的方式推进系统化建设，计算机的类型、所使用的软件、通信格式、使用线路的速度和质量规格等方面是不同的，在票据格式、编码体系等交易规格方面也存在区别。解决这个问题的有效途径是使用EDI，实现不同企业之间数据交换的标准化。

（3）海量信息实时处理的系统。农产品物流信息系统在大多数情况下需要一件一件地处理信息。即使是中等规模的批发商，一天要处理的订货票据也会超过上千件，而且在接受订单后的订主检查，包括信用检查、库存核对、出库指令、运输指示等都需要及时处理。如果发现信息不全面或有错误的话，需要与客户及时联系。

（4）波动适应性强的系统。农产品物流活动的一个特点是波动性较大，一年的不同季节，一月内的不同日期，物流作业量有较大差别。这种波动对于物流系统来说是不希望发生的，有必要将物流作业平均化。为此，必须要有对于波动性的预测能力，这是物流系统管理的任务。物流信息系统与生产管理等其他系统不同，即便事先可以预测到高峰期，但是无法事先处理。物流作业服务对象是即时性产品，生产过程也就是消费过程，无法进行事前储备。

（5）与作业现场密切联系的系统。农产品物流的现场作业需要从农产品物流信息系统获取信息，用以指导作业活动。信息系统与作业系统的紧密结合，可以改变传统的作业方式，大大提高作业效率和准确性。例如，传统的农产品检验方法是一边对照着打印出来的订货明细表，一边检查到货数量与订货数量是否一致。这种方法在数据与货物的核对上要耗费很多时间，效率低。现在的做法是利用条形码读取包装上的条形码信息，手持终端机上就会立刻显示出该类商品的订货数量，检验员根据屏幕显示的订货数量，核对到货数量。省去查找数据的时间或查找商品的时间，检验员可以根据商品的码放顺序逐一检验。

（6）可得易用的系统。农产品物流信息系统必须具有容易而又始终如一的可得性，即在需要的时候能方便、及时地获得有关信息和数据，并且以数字化的形式获得。可得性的另一个方面是存取所需信息的能力，农产品物流作业分散化要求对信息具有较强的存取能力，并且能从国内甚至世界范围内的任何地方方便地对信息进行更新，以便借助于较强的信息可得性来减少作业上和制订计划上的不确定性。

（7）及时准确的系统。农产品物流信息必须精确地反映当前的状况和定期活动状态，以衡量顾客订货和存货的水平。精确性可以解释为物流信息系统的报告与实际状况相比的差异程度。当实际存货和信息系统存货之间吻合度较低时，就有必要采取缓冲存货或安全存货的方式来适应这种不确定性。增加信息的精确性，也就可以减少不确定性，进而减少为安全存货而增加的需要量。

农产品物流信息必须及时。及时性就是指一种活动的发生与该活动在信息系统内的反应之间所存在的时间差尽量缩小。

（8）基于异常情况的系统。农产品物流信息系统必须以异常情况为基础，突出农产品物流动态问题和可能提供的机遇。由于农产品物流运作过程中通常要与大量的顾客、产品、供应商和服务公司联系，系统必须对各种需求做出响应。为此，必须定期检查农产品物流的状态变化，以便发现问题。

6.1.5 农产品物流信息系统的功能

农产品物流信息系统作为整个物流系统的指挥和控制系统，可以分为多种子系统或者多种基本功能，归纳为以下几方面。

1. 数据的收集和输入

有关农产品物流的数据首先是通过收集子系统从系统内部或者外部收集到预处理系统中，并整理成为系统要求的格式和形式,然后再通过输入子系统输入农产品物流信息系统中。这一基本功能是其他功能发挥作用的前提和基础。

2. 信息的存储

数据进入系统中之后，在其得到处理之前，必须在系统中存储下来。在得到处理之后，如果没有完全丧失信息价值，往往也要将结果保存下来，以备使用。农产品物流信息系统的存储功能就是保证已得到的后勤信息能够不丢失、不走样、不外泄，整理得当、随时可用。

3. 信息的传输

物流数据和信息在物流系统中，必须及时、准确传输到各个职能环节，才能发挥其功效，这就需要物流信息系统具有克服空间障碍的功能。物流信息系统必须要充分考虑所要传递的信息种类、数量、频率、可靠性要求等因素。现代化的信息传输是以计算机为中心，通过通信线路与近程终端或远程终端相连，形成联机系统；或者通过通信线路将中、小、微型计算机联网，形成分布式系统，衡量数据传输的指标是传输速度和误码率。

4. 信息的处理

物流信息系统的最基本目标就是将输入数据加工处理成物流信息。所谓物流数据，是指不能直接满足物流作业系统某一环节的需要，但又与之密切相关，只要通过一系列的信息处理就可以满足需要的物流情报。而那些能够直接或者经过信息处理后能够在某一作业环节上发挥功能的物流情报就称为物流信息。信息处理可以是简单的查询、排序，也可以是复杂的模型求解和预测，信息处理能力是衡量物流信息系统能力的一个极其重要的方面。

5. 信息的输出

信息输出必须采用便于人或计算机理解的形式，在输出形式上力求易读易懂、直观醒目，这是评价物流信息系统的主要标准之一。当前物流信息系统正在向数据采集的在线化、数据存储的大型化、信息传输的网络化、信息处理的智能化以及信息输出的多媒体化方向发展。

任务2　农产品物流信息技术

农产品物流信息系统实现其功能离不开先进的科学技术。物流信息系统中使用的技术除了计算机、网络和数据库技术外，还包括电子数据交换技术（Electronic Data Interchange, EDI）、条形码、销售点信息管理系统（Point of Sale, POS）、无线射频技术（Radio Frequency Identification, RFID）、全球定位系统（Global Positioning System, GPS）以及地理信息系统（Geographical Information System, GIS）等技术。本任务主要介绍几种常用的、具有代表性的物流信息技术。

6.2.1　自动识别与数据采集技术

自动识别和数据采集（AIDC）技术是通过自动（非人工手段）识别项目标识信息，并且不使用键盘就可以将数据输入计算机、程序逻辑控制器或者其他微处理器控制设备。AIDC技术家族有一批能够解决不同类型数据采集的技术，它们包括条码技术、射频识别技术、磁识别技术、声音识别技术、图形识别技术、光字符识别技术和生物识别技术、空间数据传输技术。

1. 条形码

条形码是一组由不同宽度的亮暗条纹组合而成的图像，用来表示物品的各种信息，如名称、单价、规格等。条形码按照使用目的可以分为商品条形码和物流条形码。

（1）商品条形码。商品条形码直接为销售和商品管理服务，以个体商品为对象。商品条形码由13位数字组成，最前面的三位数代表国家或地区的代码。ENA编码委员会分配给我国的系统代码是690，691和692。第4~7位代表厂商，第8~12位代表商品代码，最后一位为校验码（见图6-1）。

图6-1 商品条形码的构成

（2）物流条形码。储运条形码是用在商品装卸、仓储、运输等配送过程中的识别符号，也叫物流条形码，通常印在包装外箱上，用来识别商品种类及数量，也可用于仓储批发业销售现场的扫描结账。储运条码是条码中的一个重要组成部分，它不仅在国际范围内提供了一套可靠的代码标识体系，而且为贸易环节提供了通用语言，为EDL和电子商务奠定了基础。

物流条形码由14位数字组成，除第1位数字外，其余13位数字代表的意思与商品条形码相同。物流条形码第1位数字表示物流识别代码，如物流识别代码中"1"代表集合包装容器装6件商品、"2"代表装12件商品。如果装入同一容器的商品种类不一样，前缀的物流识别码用0或00标识，原第8~12位的商品代码用新的代码取代（见图6-2）。

图6-2 储运条形码

除了上述标准条形码之外，企业内部根据物流管理需要也可以自行编制企业内部码，但这类条形码一般只能在企业内部使用。当用作内部码时，EAN-13码的结构变成前2位数字为前缀，第3~12位数字为物品代码，第13位数字为校验码。

条码是迄今为止最经济实用的一种自动识别技术。因此，在物流作业中使用条形码，能够减轻劳动强度、提高物流作业的效率、降低成本。目前，标准物流条码多用于出库、分拣和商品内容检验等作业过程。除了物流业，标准物流条码在零售业、批发业的应用也非常广泛。

2. 无线射频技术

射频识别技术是相对"年轻"的自动识别技术,20世纪80年代出现,20世纪90年代后进入实用化阶段。无线射频技术是利用无线电波对记录媒体进行读写的一种技术,无线射频识别的距离可从几十厘米至几米,且根据读写的方式,可以输入数千字节的信息,同时还具有极高的保密性。

无线射频辨识系统可以由RF(无线技术)与ID(辨识)两部分加以理解,其运用方式是利用RF射频信号以无线通信方式传输数据,再透过ID来分辨、追踪、管理对象,甚至人与动物亦可被加以辨识。RFID由阅读器(Transceiver,也称为RFIDReader)与标签(RFIDTag)两部分所构成,通过无线传输,无需实体接触即可进行数据交换,且数据交换时也无方向性要求,接收距离的远近则依据不同的技术而有差别(见图6-3)。

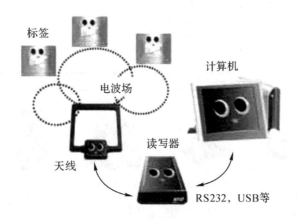

图6-3 RFID系统组成示意图

与条形码相比,RFID具有以下优势:①不需要光源,甚至可以透过外部材料读取数据;②使用寿命长,能在恶劣环境下工作;③能够轻易嵌入或附着在不同形状、类型的产品上;④读取距离更远;⑤可以写入及存取数据,与写入时间相比打印条形码更少;⑥标签的内容可以动态改变;⑦能够同时处理多个标签;⑧标签的数据存取有密码保护,安全性更高;⑨可以对RFID标签所附着的物体进行追踪定位。

RFID系统可以对商品的设计,原材料的采购,半成品与产成品的生产、运输、仓储、配送,一直到销售,甚至退货处理和售后服务等所有供应链上的环节进行实时监控,常用于移动车辆的自动识别、资产跟踪、生产过程控制等,从而提高业务运行的自动化程度,大幅度降低差错率,提高供应链的透明度和管理效率。但由于射频标签较条码标签成本相对偏高,目前在物流过程中,很少像条码那样用于消费品标识,多数用于物流器具，如可回收托盘、包装箱的标识。

6.2.2 销售点信息管理系统

销售点信息管理系统POS（Point of Sale），也称为POS系统，是指利用自动读取设备在销售商品时按照单品类别读取商品销售信息（如商品名、单价、销售数量、销售时间、销售店铺、购买顾客等），并通过通信网络送入计算机系统，然后按照各个部门的使用目的对上述信息进行处理、加工和传送的系统（见图6-4）。

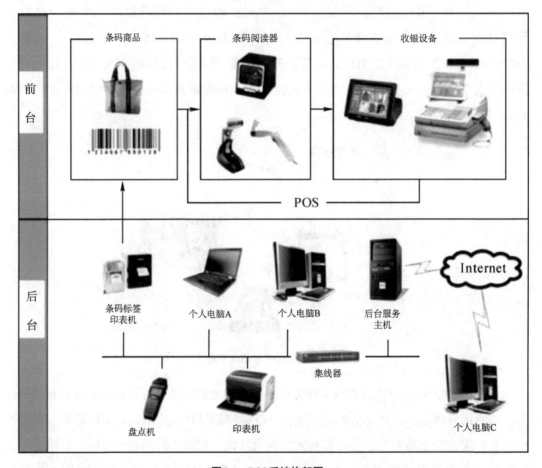

图6-4　POS系统构架图

（1）适用POS系统的店铺的各个商品包装上印刷有商品标准条形码。

（2）客户在购买商品时，收银员利用自动读取设备读取商品条形码信息。

（3）各个收银台利用自动读取设备读取的商品信息通过通信网络传送给店内的主机，计算机系统瞬时将商品的价格、销售额合计等信息传送给收银台，以作为成交单据。

（4）店内收集的销售信息通过通信网络传送给总部和流通中心。

（5）总部、流通中心、店铺在这些信息的基础上，可以对库存调整、补充订货、配送管理等方面做出快速而准确的决策。

此外，可以在把握畅销品和消费者购买动向等方面灵活运用这些信息。同时，这些信息对店铺备货、陈列商品以及确定价格等都可以起到帮助作用。

6.2.3 电子订货系统

电子订货系统（Electronic Ordering System, EOS），指将批发、零售商场所发生的订货数据输入计算机，即通过计算机通信网络连接的方式将资料传送至总公司批发商、商品供货商或制造商处。因此，EOS能处理从新商品资料的说明直到会计结算等所有商品交易过程中的作业，可以说EOS涵盖了整个物流。在寸土寸金的情况下，零售业已没有许多空间用于存放货物，在要求供货商及时补足售出商品的数量，且不能有缺货的前提下，更必须采用EOS系统。EOS因内含了许多先进的管理手段，因此在国际上使用非常广泛，并且越来越受到商业界的青睐。

使用EOS时要注意订货业务作业的标准化，这是有效利用EOS系统的前提条件；商品代码采用国家统一规定标准的设计，是应用EOS系统的基础条件；订货商品目录账册的做成和更新，订货商品目录账册的设计和运用是EOS系统成功的重要保证；计算机以及订货信息输入和输出终端设备的添置是应用EOS系统的基础条件；在应用过程中需要制订EOS系统应用手册并协调部门间、企业间的经营活动。

6.2.4 全球定位系统

全球定位系统（Global Positioning System, GPS）是利用导航卫星进行测时和测距，使在地球上任何地方的用户都能计算出他们所处的方位。GPS是美国国防部为军事目的建立的，旨在解决海上、空中和陆地运载工具导航和定位问题，24颗导航卫星（21颗工作卫星和3颗备用卫星）系统已经建成。1992年，GPS正式向全世界开放，1994年在中国市场开始得到应用。GPS以精确位置与定时信息，已成为支持世界范围各种民用、科研和商业活动的一种技术。

GPS全球定位系统不仅能够提供物流配送和动态调度功能，还可以提供货物跟踪、车辆优选、路线优选、紧急救援、预约服务和军事物流等功能（见图6-5）。

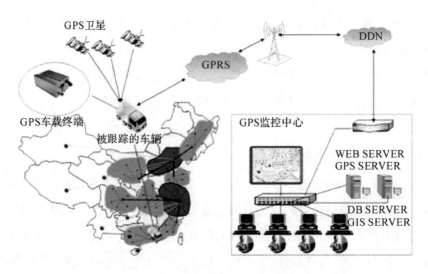

图6-5　GPS系统应用于车辆运行管理

> **实用链接**
>
> **GPS货物跟踪功能**
>
> 通过GPS和电子地图系统，可以实时了解车辆位置和货物状况（车厢内温度、空载或重载），真正实现在线监控，避免以往在货物发出后难以知情的被动局面，提高货物的安全性。货主可以主动、随时了解到货物的运动状态信息以及货物运达目的地的整个过程，增强物流企业和货主之间的相互信任。

6.2.5　地理信息系统

地理信息系统（Geographic Information System，GIS）以地理空间数据为基础，采用地理模型分析方法，适时地提供多种空间的和动态的地理信息，是一种为地理研究和地理决策服务的计算机技术系统，其基本功能是将表格型数据转换为地理图形显示，然后对显示结果进行浏览操作和分析。其显示范围可以从洲际地图到非常详细的街区地图，显示对象包括人口、销售情况、运输线路以及其他内容。

GIS技术现被广泛应用在农产品生产经营领域（见图6-6）。在物流领域中最大的应用是在物流分析方面，主要是利用GIS强大的地理数据功能来完善物流分析技术。国外公司已经开发出利用GIS为物流分析提供专门分析工具的软件。完整的GIS物流分析软件集成了车辆路线模型、最短路径模型、网络物流模型、分配稽核模型和设施定位模型等。

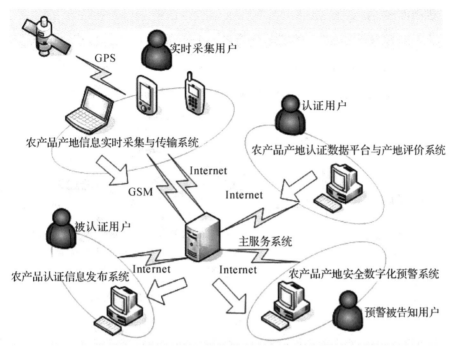

图6-6　GIS被用于农产品产地认证系统

6.2.6　计算机辅助订货系统

计算机辅助订货系统（Computer Assisted Ordering ,CAO）是基于库存和客户需求信息，利用计算机进行自动订货管理的系统。这一系统利用扫描器来帮助判定已经卖出的货物，通过清点货架上的存货来实现交叉核对，所获得的信息常常为预测技术所利用。这种预测技术是建立在产品历史销售情况的基础之上。计算机根据已经销售商品和期望销售的商品发出订单。订单以电子方式传送给供货商。一旦商店收到货物，便向供货商的开户银行发出电子付款，以上整个过程实现无纸化操作。

 项目案例分析

双汇使用的产品溯源平台功能

平台集合物联网、云计算、移动互联的思想，通过先进的信息化技术，实现对产品全生命周期的安全管理，实现从产品投料、生产、仓储、流通、分售和零售的全程跟踪和溯源管理。

平台主要实现的功能需求如下：

1. 信息溯源

采用独创编码技术,赋予所有单件商品唯一的身份标识,消费者只需扫描商品身份码,即可获得商品所有的溯源信息:静态信息(包括产地、原材料、加工工艺等)和动态信息(包括经销商、流通渠道、销售网点等)(见图6-7)。

图6-7

2. 应急管控

在流通销售的各个环节都提供即时查验,消费者在购买之前就可以通过验证产品身份码发现问题商品,从而避免不必要的纠纷和损失。一旦发现问题商品,厂家和政府部门可迅速回溯到问题源头,并定位到出现异常现象的问题结点,强制下架所有问题商品,禁止流通销售(见图6-8)。

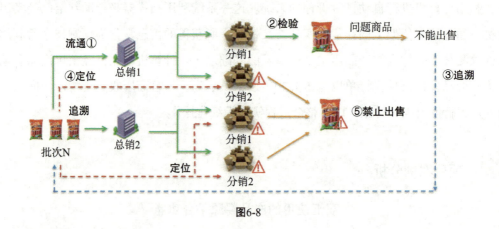

图6-8

3. 精细管控

可实现商品全产业链,全生命周期的智能监管和精细化管理。从商品生产的源头开始监管管理,可涵盖各品牌商品,以及每种商品的全生命周期。通过对商品生产流通所有关键结点的有效管控,真正达到"从出生到死亡"的全程精细化闭环管理（见图6-9）。

图6-9

4. 防伪防窜

在产品监管过程中，系统主动接收并存储产品在所有生产流通环节中的质量状态信息，并能根据突发情况进行信息更新。同时，在每一个流通关键节点，对产品进行主动查验，一旦发现问题产品，即刻强制拦截，切实做到主动防伪防窜（见图6-10）。

图6-10

（资料来源：https://wenku.baidu.com/view/dcc49662d4d8d15abf234ead.html）

辩证性思考

随着食品安全事件的频发，农产品企业运用食品安全溯源平台能带来哪些好处？

项目检测

知识目标检测

1. 什么是农产品物流信息？
2. 农产品物流信息系统的功能有哪些？

3. 农产品物流信息技术有哪些？

能力目标检测

检测项目：选择一家农产品企业，对该企业进行农产品物流信息系统分析。

检测目的：通过检测，进一步熟悉、掌握农产品物流信息系统技术，能够进行农产品物流信息系统的分析。

检测要求：由班级学习委员组织全员分团队对农产品物流企业物流信息系统进行分析、讨论，教师进行评价。

项目7 农产品物流运作模式

项目目标

知识目标

掌握农产品物流模式的内容；掌握农产品第三方物流模式的内容；熟悉"互联网+"模式下农产品新型物流模式的内容。

能力目标

能够运用农产品物流模式的类型，对农产品企业进行农产品物流模式分析。

项目导入案例

新型"厨农对接"城乡物流服务模型的构建

"厨农对接"是依托当前互联网信息资源，将城镇居民厨房需求与偏远农户的绿色农产品对接，即偏远农户是城镇居民厨房食材的主要提供商。"厨农对接"的城乡双向物流一体化建设要打破城市物流与农村物流之间物流分隔及断层情况，打通信息孤岛，使物流网络配送同步运转，实现城乡物流农产品配送的无缝连接，获得城乡物流效益最大化。城乡"厨农对接"物流服务模型的构架如图7-1所示。

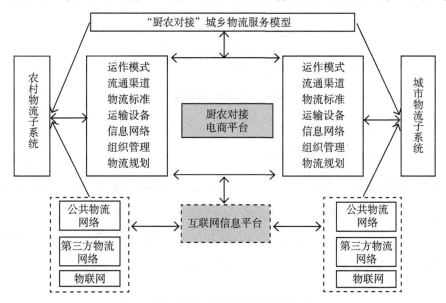

图7-1 城乡"厨农对接"物流服务模型构架图

（资料来源：https://wenku.baidu.com/view/50524753a4e9856a56125d380eb6294dd8822b0.html）

> **辩证性思考**
>
> 谈谈你对"厨农对接"城乡物流服务模式的看法?

任务1 农产品物流模式

农产品物流模式有批发市场物流模式、流通企业物流模式、加工企业物流模式、物流园区模式和农业流通枢纽港模式。

7.1.1 批发市场物流模式

批发市场物流模式(见图7-2)是较常见的农产品物流模式,它是依托于一定规模的批发市场,由生产者或中间收购商将分散的产品集中到批发市场被批发商收购,然后再通过零售商销售,最终到达消费者手中。这种模式可以规避产品分散经营,实现规模化,降低了物流成本。

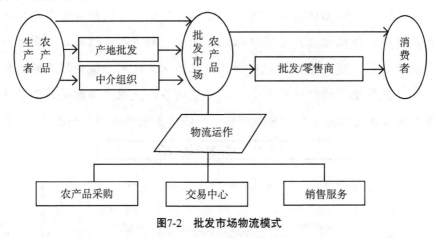

图7-2 批发市场物流模式

7.1.2 流通企业物流模式

流通企业物流模式(见图7-3)一般是连锁超市与物流企业结盟运转的农产品物流模式,通过大型卖场、连锁超市、物流企业等来组织物流的运作,从而把农产品通过配送中心送到消费者手中。配送中心有两种配送途径:一种途径是配送中心→批发商→零售商→消费者,另一种途径是通过它自己的连锁店或者直接送达消费者。

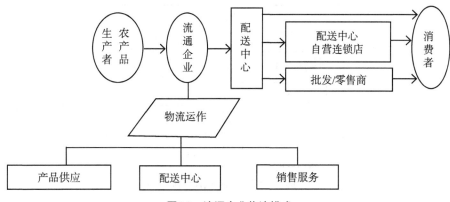

图7-3 流通企业物流模式

随着农产品电商的快速发展，流通企业物流模式演化出垂直类B2C模式，如天天果园，门店辐射+线上服务如盒马生鲜，O2O社区服务平台如叮咚到家，社交属性的团购模式如拼多多等多种新兴模式，成为农产品物流的主流模式。

7.1.3 加工企业物流模式

加工企业物流模式（见图7-4）以农产品加工企业为核心，它直接与农户或者通过合作社或生产基地和农户签订合作协议，自己来组织物流的运作，从而把农产品通过批发商、零售商或者一些直销网点送到消费者手上。

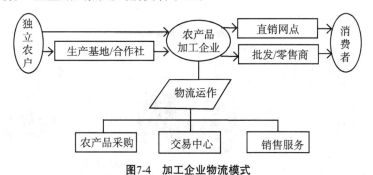

图7-4 加工企业物流模式

7.1.4 农产品物流园区模式

当前，我国有很多农产品物流园区，物流园区具有运输集散、仓储、配送、流通加工、报关、检验检疫等多种功能。通过依托物流园区的物流基础设施，把农产品从供方送达到需方。通过发布、查询农产品物流运输信息，可以提升农产品物流的效率。

农产品物流园区模式（见图7-5）可以为入驻园区的企业提供农产品展示和展销服务，通过收集、处理、分析、公布与农产品交易及其产品相关信息，以及洽谈、拍卖等方式实现现场交易、现场结算。

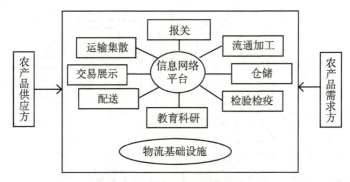

图7-5 农产品物流园区模式

7.1.5 农业流通枢纽港模式

农业流通枢纽港模式是升级版的农产品物流园,是线上线下结合的模式,是"实体连锁+线上服务",是农业流通产业链的整合升级(见图7-6)。农业流通枢纽港打造冷链物流中心,构建实体连锁网络,各个交易方可以通过枢纽港电商平台完成交易,也可通过实体店面完成销售,提高农产品流通效率。

枢纽港连锁模式不仅减少了农产品交易环节,还可为农产品来源、运输和配送提供可查验的溯源体系,农产品质量和食品安全得到保证,还可以叠加农业品牌营销、人才培训、农机融资租赁、供应链金融等服务,为产业链上的中小企业提供全方位支持,促进区域农业供应链的健康发展。

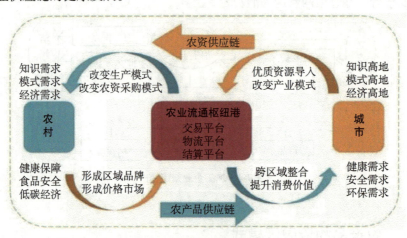

图7-6 农业流通枢纽港模式

任务2 农产品第三方物流模式

随着市场化程度的提高,现在有少数的农产品第三方物流企业,专门从事农产品储运和流通加工。不从事任何直接农产品生产和销售活动,从而形成农产品第三方物流模式(BPL)。

7.2.1 农产品第三方物流模式的概念

农产品第三方物流模式是指由农产品生产者和加工者以外的第三方负责完成农产品运输、仓储、配送、流通加工等一系列物流活动的运作过程(见图7-7)。在这种模式中,农产品第三方物流企业不拥有商品,不参与商品买卖,而是作为主导者联结着农产品生产和加工者、各级批发商、零售商、中介组织,并为顾客提供以合同为约束、以结盟为基础的系列化、个性化、信息化物流代理服务。

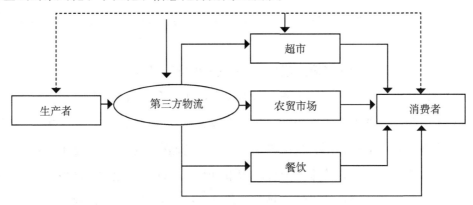

图7-7 农产品第三方物流模式

7.2.2 农产品第三方物流模式的特点

(1)该模式的组织结构清晰,将许多物流计划和运作功能归类到一个权力和责任下,目的是对所有的农产品运输和储存进行战略管理,以使其产生更大效益。

(2)物流企业的横向支持部门和纵向的运作部门被建设成矩阵形式,从而使各相关部门在运作环节上可以进行直接沟通。

(3)物流活动可以在专业化的基础上计划、组织和协调,客户和数据库的共享,物流服务网络的建立为地区之间物流服务的综合提供了基础。

(4)目前,农产品第三方物流以运输、仓储等基本物流业务为主,加工、配送、定制服务等增值服务功能处在发展完善阶段,在管理水平、信息共享、人才培养、专业化服务上还存在许多问题。

7.2.3 农产品第三方物流的应用模式

我国第三方物流主要运作模式有以下五种。

1. 整合现有物流资源，建立"非资产型"的第三方物流企业模式

一方面，从我国目前的第三方物流企业的状况看，由于部分投资者缺乏足够的资金用于全新的基于资产的第三方物流企业的构建，迫使他们必须采用"非资产型"的第三方物流形式。另一方面，我国传统的运输部门、企业和商储公司作为物流行业的主力占据着我国物流的主要社会资源，他们有优越的仓库、站场设施，有自己的运输搬运设施、铁路专用线和客户网，但从全国范围来看，这些物流资源利用率不高，浪费严重。因此，从实际情况入手，整合现有物流资源，建立"非资产型"的第三方物流企业，一方面可以充分利用社会既有物流资源优势实现资源共享，另一方面也可避免组织机构的臃肿庞大。

2. 以提高物流环节的服务附加值为目标的基础物流服务模式

目前我国企业对第三方物流服务的需求层次还比较低，仍主要集中在对基本常规项目的需求上。生产企业外包的服务，第一是干线运输，第二是市内配送，第三是储存保管。商业企业需求的服务，第一是市内配送，第二是储存保管，第三是干线运输。这表明生产企业和商业企业对物流服务内容的侧重点有所不同。企业对增值性高、综合的物流服务如库存管理、物流系统设计、物流总代理等的需求还很少。因此，我国的物流企业在推进第三方物流服务时，要充分考虑企业的现实需求，从基本的服务功能入手，从简单的服务开始，在不断巩固自身提供常规服务的能力的前提下扩展延伸服务。一开始就定位在高级形态的第三方物流运作上并不现实。不应一味追求时髦的理念与模式，舍本逐末，放弃对常规服务质量的重视。第三方物流供应商应该从区域客户的需求出发，根据企业的实际情况，首先从提供基础物流服务开始，展示他们有能力把这些服务做得最好，随后才开始提供高附加值的服务。从而逐步实现物流环节的系统化和标准化，为客户提供全方位的物流服务。

3. 电子商务与第三方物流的有机整合模式

电子商务作为21世纪主要商业运作模式，为第三方物流提供了广阔的发展空间，同时，第三方物流的发展又为电子商务的实现提供了现实保障，与电子商务融合，将成为第三方物流主要运作模式之一。从实际运作状况来看，第三方物流与电子商务的融合主要有以下两种方式：一是第三方物流作为电子商务组成要素，承担物流作业，完成B2B或B2C中的物流环节；二是第三方物流通过建设自己的电子商务，为商家与客户之间提供交换信息、进行交易、全程追踪的信息平台，从而实现电子商务与物流的紧密配合。在我国，表现较为突出的莫过于宝供物流企业集团。宝供早在1997年就开始建立基于

Internet/Intranet 的全国物流信息管理系统，又陆续完成了运输业务报表自动生成系统、与重点客户信息资源共享系统、运作成本、经营核算、结算信息系统，实现了"客户电子订单一体化运作"的电子商务初步目标，极大地简化了商务流程，提高了业务运作效率。可以说，在电子商务时代，实现业务电子化和网络化是第三方物流企业发展的必然选择。

4. 综合物流代理模式

中国目前物流企业在数量上，供给数量大于实际能力；在质量上有所欠缺，满足不了需求的质量；物流网络资源丰富，但利用和管理水平低，缺乏有效的物流管理者。国际著名的专门从事第三方物流的企业如美国的联邦速递、日本的佐川急便，国内专业化的第三方物流企业如中国储运公司、中外运公司、EMS 等，这些公司都已经在不同程度地进行了综合物流代理运作模式的探索实践。发展综合物流代理业务具体是指：不进行大的固定资产投资，低成本经营，将部分或全部物流作业委托他人处理，注重自己的销售队伍与管理网络，实行特许代理，将协作单位纳入自己的经营轨道，公司经营的核心能力就是综合物流代理业务的销售、采购、协调管理和组织的设计与经营，并且注重业务流程的创新和组织机构的创新，使公司经营不断产生新的增长点。简单地说，综合物流代理企业实际上就是有效的物流管理者。采用这种模式的第三方物流企业应具有很强的实力，陆空俱全，同时拥有发达的网络体系，这样的企业在向物流转型时能做到综合物流代理，从而为客户提供全方位的服务。

5. 集中物流模式

集中物流模式的特点是第三方物流企业拥有一定的资产和范围较广的物流网络，在某个领域可提供集成度较低的物流服务。由于不同领域客户的物流需求不同，当一个物流企业能力有限时，他们就可以采取这种集中战略，力求在一个细分市场上做精做强。例如，同样是以铁路为基础的物流公司，某铁路快运公司是在全国范围内提供小件货物的快递服务，而另一家物流公司则是提供大宗货物的长距离运输。由于在特定领域有自己的特色，这种第三方物流企业运作模式也是需要重点培育和发展的。

任务3 "互联网+"模式下农产品新型物流模式

电商时代的到来，要求灵活应用互联网思维解决农产品流通的难题，改变"买难"和"难卖"的市场格局。在对传统农产品物流模式进行创新下，诞生了"互联网+"背景下新型的农产品物流运作模式。

7.3.1 "互联网+"模式下的农产品物流模式

1. 以农户或农村合作社为主导的"农户+3PL"配送模式

这种农产品的网络模式是由农户或者原产地多个农户组成的农村合作社为主导，通过一些现有的网络平台或自建网络销售平台实现农户自己种植（养殖）的农产品的网上下单，再通过第三方物流企业将商品配送至距离消费者较近的社区终端，最终由消费者取货完成农产品的互联网配送模式。此类农产品的营销对象主要以一些"地标性农产品"为主，如烟台的大樱桃、陕西的红富士苹果、云南的褚橙等。严格意义上，现阶段并无此类互联网配送模式的成功实例。

此类互联网农产品的配送特点主要表现为：配送产品种类单一、上游原产地固定、顾客多集中在一二线城市且顾客较为分散、社区实体店多与3PL存在合作关系、农户（农村）合作社能够掌握一定的销售与配送信息。由于农户自身资源与条件的限制，无法自建完善的农产品物流配送体系，甚至无法与接近消费者的社区便利店（超市）达成协议，便与3PL建立合作关系，农户在对农产品进行包装、清洗等加工后，由3PL实现农产品由产地到社区的配送服务，这种配送模式对3PL的依赖程度高，其具体配送模式如图7-8所示。

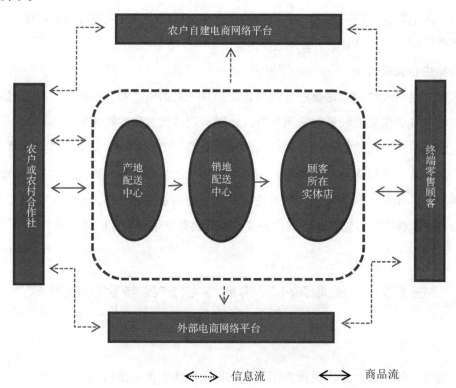

图7-8 以农户或农村合作社为主导的"农户+3PL"配送模式

值得注意的是，在"农户+3PL"配送模式中，除社区实体店的仓储因素外，消费者对商品的满意度在很大程度上依赖于第三方物流企业的物流运作,这虽然增加了农户的风险,但也节约了农户自建物流体系及社区实体店的成本。此外,虽然农户对3PL的依赖程度很大,但第三方物流服务提供商仅被动地接受农户下达的订单信息,并向电商平台反馈物流追踪信息,无法直接通过电商平台掌握所有农产品的订单情况。

2. 以第三方物流企业为主导的"3PL"配送模式

第三方物流企业主导的互联网配送模式是指由3PL企业在自行搭建的电商网购平台上对不同季节以及不同地区的多种热销农产品进行销售。在这种网络销售模式中,3PL能够代替消费者对农产品的供应商进行初步筛选,并与达标的农产品供应商、农户建立一定的合作关系,由3PL完成一系列的农产品包装、加工等增值活动,在购买订单下达后利用3PL企业自有的冷链物流配送体系实现产品由产地到顾客的物流运作。"3PL"配送模式虽然是由3PL组织完成,但从平台搭建的角度看,其属于自建配送体系。

此类互联网环境下的农产品配送特点主要表现为:产地集中在少数几个地区、配送对象种类较多、顾客分布较分散、社区实体店多为3PL自建(如顺丰"嘿客"),但受3PL物流分布网络限制、配送相关信息集中在3PL处。"3PL"配送模式其实质是"农户+3PL"配送模式的升级与强化,让农户彻底从物流活动中解放出来,能够实现现有物流体系的较大程度利用,使终端的消费者与3PL共享集约化、专业化配送带来的益处,也为物流企业自身的业务重组与企业可持续发展奠定基础。此外,当产品出现质量等问题时,需要3PL直接对消费者负责,因此"3PL"配送模式在一定程度上也规范了物流企业自身的物流运作,确保了农产品品质的稳定(见图7-9)。

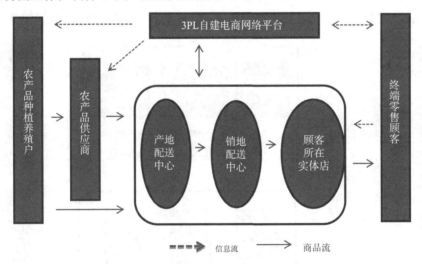

图7-9 以第三方物流企业为主导的"3PL"配送模式

在3PL主导的网销模式中,虽然农户和农产品供应商只能被动地接受3PL的评估,利用其电商平台销售指定的农产品,但这在某种程度上也保证了农产品源头品质的安全。

此外，3PL自营的社区实体店也有助于实现冷链物流的系统化、整体化运作管理，保障了农产品在物流运作中的安全性。但"3PL"配送模式无论从冷链物流运作管理、社区实体店选址营运还是配送规划与信息处理等方面均需要3PL具有完善的物流网络、大量的资源储备（人力、物力、资金等）与高水平的协调管理能力，对第三方物流企业要求较高。

3. 以电商企业为主导的"电商+3PL"配送模式

电商企业搭建的网络平台是中国最早发展起来的互联网销售模式，也是现如今数量最多的电商模式，以"优菜网""小农女"为典型代表。外部电商企业通过搭建电商平台实现生鲜农产品提供方与购买方的线上交易，线下体验。由于此类电商企业的发展与竞争力各自呈现的状态不同，因此其在配送模式上也表现出较复杂的特点：自建物流与外包物流服务相结合——"电商+3PL"配送模式，代表性的电商平台为"一号店""本来生活"和"京东商城生鲜频道"等电商企业，通过对一些提供农产品的农户或供货商进行一定资质的评估，同意其进入电商平台销售农产品，在顾客成功下单后，由商品提供方依据情况选择相应的配送方式，销售与配送信息均有电商企业掌控。以"一号店"为例，如果终端消费者在各一线或省会城市，则是由"一号店"自营的物流系统进行配送，而在二线及其他中西部城市，则将配送服务外包给申通、圆通等第三方快递进行运作。因此"电商+3PL"配送模式的特点为：农产品原产地分布分散且数量较广，配送对象种类繁多，配送管理难以整体调控，顾客所在地区分散，社区实体店自建与加盟并存，电商企业集中处理销售与配送信息（见图7-10）。

部分发展处于起步阶段的电商企业，无能力自建物流系统，其农产品的配送完全来自外部采购，此类电商企业主导的农产品的配送模式与"农户+3PL"配送模式一致。

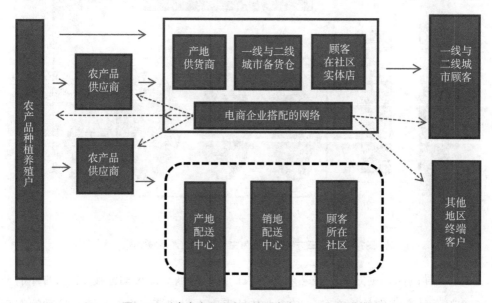

图7-10　以电商企业为主导的"电商+3PL"配送模式

"电商+3PL"配送模式面对的农产品供应商、消费群及潜在消费群遍及各个地区，农产品种类及同种类不同地区的农产品类型繁多，因此单一凭借自建的配送网络无法满足消费者需求，部分的外包服务会降低电商企业的配送成本，保障农产品质量。对于发展水平较高的电商企业而言，其合作的3PL一般都经过一定评估流程，合作对象较为长期稳定。

7.3.2 "互联网+"模式下的农产品物流模式建设

1. 积极拓宽农产品流通渠道

完善的流通运输渠道和方便的基础设施是农产品物流发展的前提，也是降低物流成本的关键。因此，建立农产品"绿色通道"网络，优化运输路线很有必要，应将陆路、水路以及航空等多种形式的运输相结合，打破传统单一的运输观念，实现高效、快捷的农产品物流流通。创新农产品流通渠道，发展"农超对接"模式的流通渠道不仅可减少流通环节，还可以稳定农产品产量的需求。积极鼓励农民与学校、酒店等单位建立长期稳定的直销关系，从而确保农产品有地可销。这不仅让农产品有了稳定的销售渠道，同时也能提高农民的积极性。

2. 加快信息网络技术建设

加快信息网络技术的建设是加速发展现代物流的要求，网络信息的传递就相当于在农户与商贩之间建立了一座桥梁。第一，信息网络技术的建设一方面反映了农村自身硬件落后，另一方面也显示了信息网络技术的建设对于提高农产品物流运输效率有着积极的作用。第二，农产品生产者可以根据市场信息，加强与农产品市场的联系，同时市场信息的反馈作用可以让农产品生产者掌握市场消费趋向，做出更好的选择。

3. 加强农产品物流基础设施建设

农产品物流的发展给农产品提供了保障，在"互联网+"科技下，建立完善的农产品物流基础设施不仅能提高农产品的流通效率，还能带动第三方物流企业的发展，让其专门从事农产品的运输。因此，加强农产品物流基础设施建设很有必要。

农产品物流发展的好坏关系到我国农村地区经济水平是否提高。我国农村地区经济水平长期处于落后局面，"互联网+"机会的到来是一次改善农村经济形势、提高收入的机会，同时，也会拉动物流相关企业的发展，增加就业机会，为当代大学生下乡创造良好的机会。因此，发展农产品物流不仅是"互联网+"的要求，这也是现代物流加快发展步伐的体现。

项目案例分析

武汉市皇经堂农产品批发市场物流模式

武汉市皇经堂批发市场为武商集团全资子公司，是武汉市"菜篮子工程"的支柱企业，1995年9月被农业部列为首批全国"定点鲜活农副产品中心批发市场"，是国家"三绿工程"首批试点批发市场，也是武汉市农业产业化经营重点龙头企业。公司位于武汉市西大门，紧邻武汉中环线，交通路网便利，纵横贯通全国，具有从事农副产品购销、集散、辐射的得天独厚的地理条件和良好的经营发展前景。

公司现有经营面积4万平方米，主要经营蔬菜瓜果、粮油副食、干菜调料、水产禽蛋及其他农副产品，为广大客户24小时提供交易储藏、检测结算、信息通信、物流运输、住宿餐饮及安全保障服务，年农副产品成交量达5亿千克，购销业务遍及全国三十几个省市，在同行中享有盛誉，在江城更是有口皆碑。

公司建有与国家及省市区农业、商务、质检、物价部门及中农网等联网的电子信息系统，通过采取对手成交、代购代销、联购联销、总代理总经销、加工配送、网络直销等综合经营形式，积极拓展农产品市场经营发展空间，努力向上下游延伸经营链条，一方面建立农副产品基地，开展产销合作，广泛经贸往来，丰富批发市场供应，拓展外贸出口；另一方面向零售领域延伸，进一步拓展农产品加工配送，发展生鲜超市，以整体提升市场竞争力。

（资料来源：https://wenku.baidu.com/view/38917ad976a20029bd642d1e.html）

辩证性思考

结合案例谈谈农产品批发市场物流模式的特点。

项目检测

知识目标检测

1. 农产品物流模式有哪几种类型？
2. 简述农产品第三方物流模式的内容。
3. 简述"互联网+"模式下农产品新型物流模式的内容。

能力目标检测

检测项目：选择一家农产品企业，对该企业进行农产品物流模式分析。

检测目的：通过检测，进一步熟悉、掌握农产品物流模式，能够进行农产品物流模式的分析。

检测要求：由班级学习委员组织全员分团队对农产品企业物流模式进行分析讨论，教师进行评价。

项目8 农产品电子商务物流

项目目标

知识目标

掌握农产品电子商务的概念、构成要素；熟悉农产品电子商务物流的特点；掌握农产品电子商务物流模式。

能力目标

能够运用农产品电子商务物流知识，对农产品企业进行农产品电子商务物流分析。

项目导入案例

武陵山三农电商物流园中农供销城开工建设

2019年1月11日，张家界市武陵山三农电商物流园中农供销城开工建设。武陵山三农电商物流园分为中农供销城和农产品、综合物流园两期项目，地处桑植县澧源镇朱家坪村与丹家坪村，总占地面积200余亩，总投资约11亿元，建成后将是中国供销系统现代化农产品流通平台建设体系中220个县级示范农产品批发市场之一。其中，中农供销城为项目一期，占地面积103亩，总投资5.5亿元，将打造成为集农产品交易、展示、结算、加工、检测、物流、仓储、冷链、集散、数据、金融、配送，O2O电商线上、线下实体店，旅游购物等功能于一体的大型服务业百家实体综合批发商贸城。届时，将有力促进当地特色农业、现代农业提档升级，推动"农旅融合、绿色发展"的乡村振兴健康发展理念，提升全县百姓的生活宜居度和幸福指数。

（资料来源：https://www.zjj.gov.cn/zjjcms/front/s1/c33/20190144/i452536.html）

辩证性思考

武陵山三农电商物流园中农供销城开工建设意味着什么？

任务1　农产品电子商务

8.1.1　农产品电子商务的概念

农产品电子商务指农产品的买卖活动是利用网络的快捷性、即时性和广阔性，在农户、农业企业和消费者之间进行的利用先进的信息技术来改善和转变农产品商务活动的方式和途径。

农产品电子商务包含电子商务信息流、资金流、物流。其中农产品电子商务信息流，主要包括农业相关资讯、供求信息、市场行情等；农产品电子商务资金流，主要包括电子合同、农产品买卖交易资金的电子支付等；农产品电子商务物流，主要包括农产品的网络销售渠道、农产品储存及配送体系等，涵盖农产品从种植、收获、加工到消费者手中的全部过程。农产品电子商务的参与者有农民、农业合作组织、农业相关企业、经销商、消费者、物流配送机构、金融资金结算机构以及认证机构和政府部门等多主体形式。

> **实用链接**
>
> 2017年我国农村网络零售额超过1.2万亿元，其中农产品的网络零售交易额占20%，达到2 500亿元。农业部规划2020年我国农产品电商将达到8 000亿元。
>
> 2017年我国生鲜农产品电商销售额达到1 391.3亿元，平均每年增长50%。
>
> 2017年全国淘宝村达到2 118个，淘宝镇达到242个，其中在国家级贫困县有33个淘宝村，省级贫困县有近400个淘宝村。年销售额达到100万元的淘宝村网店达到1.1万家（2016年）。2017年淘宝村数超过100个的有6个省份：浙江、广东、江苏、山东、福建、河北。
>
> （数据来源：中国三农电商网）

8.1.2　农产品电子商务的构成要素

农产品电子商务的构成要素有农产品电子商务安全保障体系、农产品电子商务信息传输体系、农产品电商网上支付体系、农产品物流体系。在整个农产品电子商务发展过程中，四个要素缺一不可，相辅相成。每个要素都起着不可替代的作用，这四个要素支撑着农产品电子商务的发展（见图8-1）。

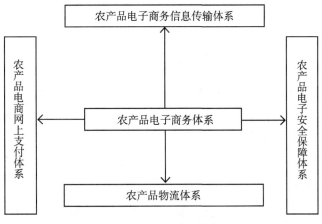

图8-1 农产品电子商务基本要素

1. 农产品电子商务网上支付体系

网络支付作为农产品电子商务活动中重要的一步,确保了农产品电子商务的交易活动可以在网上形成一个完整的资金流(见图8-2)。网上支付具有快捷、高效、低成本等特点,保证了农产品电子商务交易的完成效率。

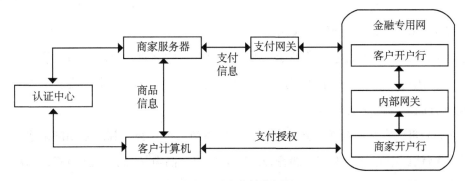

图8-2 网上支付流程图

2. 农产品电子商务信息传输体系

农产品电子商务信息传输体系使得农产品电子商务与传统商务区别开来,具有一定的优势。中国受地形地貌的影响,农业生产一部分处于小规模种植,远远达不到大规模机械化生产的水平。在传统农产品交易中,往往花费了大量的时间、精力去沟通各地区的农产品商务信息,为此付出了较高的成本。农产品电子商务则可避免这一现象,利用网络以及电子信息通信技术,使农业科技信息和农产品商务信息的流通变得更加快速、低廉,最重要的是打破了地域限制,使得偏远地区的农产品信息也可以广范围被获知。在整个农产品电子商务发展过程中,正因信息传输体系作为重要支撑,使得农产品电子商务信息流完成了最大范围的流转,是农产品电子商务发展逐步走向成熟的关键一步。

> **实用链接**
>
> **"6 000份卖空了？再挖！"**
>
> 2018年9月17日晚上10点，河南确山县人民政府副县长杨卫军与网红主播一起直播卖红薯，10 000份红薯不到一个小时被抢空，网友未尽兴，举手要货。
>
> 杨卫军着急了，打电话给相关负责人，要求再挖出10 000份。
>
> 然后向网友解释："我们的红薯都是现挖，亲们理解。"副县长杨卫军的话，引起网友"欢呼"。
>
> 9月17日，农村淘宝联合淘宝直播、天猫生鲜、淘乡甜主办首届阿里巴巴丰收购物节直播活动，销售来自超过100个县的300多款农产品。河南确山县、西峡县、浙川县、镇平县、洛宁县，山西阳曲县，新疆吉木乃县、尼勒克县八个县的县长、副县长来到直播间，与淘宝直播网红主播一起销售农产品，为家乡农产品代言。
>
> （信息来源：http://www.citnews.com.cn/mp/201809/84585.html）

3. 农产品电子商务安全保障体系

安全第一，是农产品电子商务活动顺利完成的重中之重，是农产品电子商务发展的前提条件。因此，有必要采取可靠措施来确保交易安全。根据技术手段、信用手段和法律手段三方面以确保安全。

（1）运用技术手段确保农产品电子商务交易的网络安全。利用专用网络建立一个电子商务网络认证中心，运用信息加密技术对其中农产品电子商务信息加密，利用电子商务案例协议对用户身份进行认证识别，构建农产品电子商务网络防火墙。积极引导社会各个方面以创建良好信用意识的社会环境为目标，建立社会信用评价制度和体系，建立和完善电子商务认证中心，制定相关法律和制度，为电子商务交易提供服务。

（2）运用信用手段。因为农产品电子商务交易是网上虚拟交易，双方并非面对面交易，交易双方对彼此的信任是电子商务活动得以进行的前提，交易双方的信任是根本基础。但是，由于我国电子商务起步较晚，电子金融信用体系还不完善，网络信息纠纷经常性地发生，市场秩序比较混乱，商业信用危机严重，导致电子商务交易让许多人产生不信任感。改变这种现状需要利用信用手段，建立网络金融信用体系，将每个人的信用记录统计成档案，并根据信用记录给予评价，为日后的电子商务活动提供信用依据。

（3）运用法律手段。由于我国农产品电子商务起步较晚，相关法律法规发展并不完善，市场监管存在一定的漏洞，法律风险因农产品电子商务交易活动参与者的法律意识淡薄而产生。法律风险主要包括以下两方面：交易双方的合法权益得不到有效保障的交易风险；客户隐私泄露的风险，隐私泄露直接影响涉农企业的利益和信用，对农产品电子商务发展带来负面影响。因此，要建立一个规范的法律体系，保障农产品电子商务交易环境安全、可靠，客户隐私有保障。

4. 农产品物流体系

在农产品电子商务交易中，物流作为制约农产品电子商务发展的瓶颈，扮演着农产品运输的角色。由于农产品本身的物理特性，如不易存储，对物流运输条件要求苛刻，对物流专业性要求高，如何能以快捷、低成本的物流方式将农产品运输到目的地，以上均是农产品电子商务无法避免的问题，需要进行妥善解决。

物流成本作为电子商务交易成本的重要组成部分，完善的农产品物流体系可以最大限度地提高农产品电子商务的效益和效率，对农产品电子商务的盈利有重要的影响。正因为农产品物流直接影响农产品电子商务交易活动，所以建立一个以市场布局为指导，依托先进的网络技术和信息手段，是完善的农产品物流体系的重点。农产品物流体系的完善不仅可以降低交易成本，还可以使农业产品的销售更加符合市场需求。做好物流体系建设对进一步巩固农产品电子商务的发展起到积极的效果。合理规划物流运输配送路线，以缩短运输配送距离为目标，进一步完善农产品物流体系，最大限度降低物流成本，使得农产品物流体系能更好地将我国农产品资源优势转化为经济优势。

任务2　农产品电子商务物流

农产品电子商务物流是农村电子商务健康发展的重要保障，发展农产品电子商务物流需要根据农产品特别是生鲜农产品的特点，从农产品的生产加工、运输储存等环节进行充分的考虑，提升农产品电子商务物流的发展水平。

8.2.1　农产品电子商务物流的特点

电子商务及农产品本身所具有的特点决定了农产品电子商务物流具有许多区别于传统物流的特征，主要体现在物流的中间环节、时效性和设备要求等几方面。

（1）物流的中间环节显著减少。传统的农产品物流主要包括运输、仓储、包装、配送等环节，产品流通过程的中间环节较多，从批发到零售需要经过许多中间商，降低了农产品流通速度，且增加了流通成本。而电子商务的出现彻底改变了传统农产品物流环节，许多中间商被挤出流通过程，提高了流通效率。

（2）物流成本的控制较严。农产品电子商务企业与传统实体店相比，主要的投入是在网站日常的运行维护，虽然在固定资产的投入上降低了许多，但所销售的每件产品都需要通过物流配送才能送达消费者。因此，物流成本占总成本的比例较高，需要对物流成本进行更加严格的控制才能保证盈利。

（3）物流时效性和设备要求更高。大部分农产品特别是生鲜农产品，其易腐烂的属性要求物流配送能够在尽可能短的时间内送达消费者，而且在储藏、包装、运输等环节的技术会直接影响生鲜产品的品质，需要用具备保鲜、冷藏以及防疫等功能的物流设备。

（4）产品配送难度较大。传统的农产品物流配送采用的模式主要是由经销商直接向各大市场进行配送，具有物流点集中、单次运输量大、成本较低的特点。但电子商务环境下的物流配送需要将产品送达单个消费者手中，具有配送点分散、单次运输量小、成本较高的特点，增加了相关产品的配送难度。

农产品电子商务物流经过多年的发展，目前已经取得了较大的进步，但与实际需求还存在较大的差距，农产品电子商务物流仍然是现阶段制约农村电子商务发展的关键因素。

8.2.2 农产品电子商务物流存在的问题

1. 信息渠道不畅通

货物的运送服务在物流这一行业虽然只是一个简单环节，但是它存在的市场体系很广大。物流配送涉及很多方面，比如资源调配、市场供求、货物运输等，实现物流配送的信息流通，构建畅通的信息渠道是实现物流作为一个市场体系成功运作的重点所在。物流配送信息的阻碍主要在三方面体现出来。

1）农产品的经营者和生产者对于物流配送的信息还不够了解，信息不对称，未明确市场需求，盲目生产与供应，在加工、生产、物流等多个方面都有着很大的影响。

2）反过来，市场对于产品的供应信息了解有阻碍，在电子商务这个环境下，农产品贸易的渠道是全面的，开放范围很广阔。假如电商的信息平台没有及时地将信息更新公示，就没有办法通过电子商务的渠道来实现农产品的价值。

3）对于物流平台来说，电子商务平台的交易双方对彼此了解有阻碍。电商交易是通过物流平台来实现的，作为重要的媒介之一，若是对物流平台不够了解的话，那么将会导致交易双方物流配送的成本增加，也会让电子商务优化更加难以实现。

2. 配送技术有待提高

21世纪是急速发展的时代，但目前物流配送技术仍存在不足，物流的调度、农产品保鲜、物流运输监管等方面的技术都不完善，也成为未来农产品电子商务产业优化完善的重要问题。到现在为止，在农产品的物流配送中，物流调度技术仍旧没有办法达到效率最大化的理想状态。

在装车前，对货物进行严密的检查，在运送过程中，对可能出现的问题进行严密的检验都属于物流运输监管技术。这些措施是对运输产品质量的保障和负责。农产品物流对周围环境和时间都有着极为严格的要求，如果相关人员对有关保鲜技术还不了解，那么有可能造成农产品的毁坏并且带来巨大损失。

3. 物流布局不合理

在城区集中了很多的大型物流企业，这种情况导致农产品的运输环节增多。因为农产品对周围环境的要求很大，所以经营者要根据农产品市场周期较短、不容易保存的特点将其以最大可能利润投放到消费市场中。一线城市有上百的物流企业在城区集中分布，在城区的周边县的物流企业相对来说很少。其中，很多地区还没有物流企业，运送距离远，时间成本也随之升高，从而造成物流总成本不断升高。

4. 政策法规不完善

农产品电子商务物流涉及很多个方面，比如说交通质检、运输、工商和农业等多个管理部门。到目前为止，在电子商务管理方面，我国制定的法律法规还不够完善，专门针对农产品电子商务物流的政策法规更加缺乏。在迅速发展的21世纪，这种情况严重制约了农产品电子商务物流的快速发展。不完善的法规法律导致了一系列不容忽视的问题：服务的管理不够系统、不够全面、不够深入。各层级之间的工作在各个监管部门之间的衔接也存在着较大问题，管理人员的协同和服务人员的服务很难达到理想状态。由于农产品的多样性与复杂性，不仅农产品物流的标准难以统一，农产品的定价也缺乏规范性，这都成为发展农产品电子商务物流的障碍。

5. 专业人才较缺乏

现代的物流行业不仅是一门理论，而且还是一个跨越学科的实践行业，我国物流方面的人才缺乏问题很严重。这里的人才缺乏既指现有精通物流知识的专业人才，也指中西部物流人才分布不合理。现在已有的物流人才都向东部经济较为发达的地区或者大型企业流去，中西部城市以及东部的经济不发达小城市物流体系更加不完善，所拥有的物流企业属于中小型的，对物流专业人才吸引力不够。并且，在电子商务环境下，相比其他电商产品的物流来说，农产品物流的要求极为严格，所需要的专业化程度更高，从事相关工作的物流人员不仅仅要具备良好的物流管理能力，还需要相关农产品保存、运输之类的知识储备。根据调查结果显示，当前从事农产品物流的企业具有物流专业团队、物流专业人才极少，存在物流专业人才不足问题的企业在75%以上，严重制约了农产品电子商务物流的发展。

6. 消费维权难度大

当消费者通过电子商务途径消费农产品时，如果出现农产品质量问题、消费者被欺诈或者其他权益被损害的情况，消费者如何维权成为农产品电子商务物流的一大问题。与实体店不同，网上商店本身具有不确定性、隐蔽性和虚拟性，他们中有很多并没有获得相关部门许可，也就是说购买后无法开具发票，更有一些活的禽类以及肉蛋奶类农产品电子商务平台没有取得相应的家禽类免疫证，若发生食品安全事故，维权证据将不足。另外，大多数的网络交易都发生在异地，使得维权难度更大。

8.2.3 农产品电子商务物流模式

农村电子商务物流经过不断探索，自建物流、第三方物流以及自建+第三方物流等模式不断涌现，给农产品电子商务物流多样化的发展创造了良好的条件。

1. 自营物流模式

自营物流模式是指电子商务企业着眼于企业的长远发展考虑，自行组建配送系统，并对整个企业内的物流运作进行计划、组织、协调、控制管理的一种模式。目前，自营物流配送模式主要分为两种类型：一类是资金实力雄厚且业务规模较大的B2C电子商务公司；另一类是传统的大型制造企业或批发零售企业经营的B2C电子商务网站。这些企业自身就拥有非常强大的物流体系，在开展电子商务物流配送时只需要B2C电子商务特点在原有基础上稍加改善，就基本可以满足B2C电商物流配送需求。

2. 第三方物流模式

第三方物流配送模式以签订合同的方式，在一定期内将部分或全部物流活动委托给专业的物流企业来完成，这种模式也称为外包物流配送模式。目前，我国的第三方物流配送模式提供商主要包括一些快递公司（如顺丰、申通、圆通等）和国内邮政体系（e邮宝）两种。

3. 联盟物流模式

物流联盟是指物流配送需求企业或者物流企业之间为了提高配送效率以及实现配送合理化，所建立的一种功能上互补的配送联合体。电子商务物流联盟模式主要是指多家电子商务企业与一家或者多家物流企业进行合作，或者多家电子商务企业共同组建一个联盟企业为其提供物流服务，为了实现长期合作而组合到一起的方式。

4. "O-S-O" 物流模式

这种模式即物流外包—自建渠道—渠道外包模式。此模式不是简单的开始、发展、回归过程，而是符合哲学意义上的发展模式。这一模式与中国物流发展水平、电子商务企业自身发展水平、客户需求水平相联系，从最初的业务外包，到中期的选择自建，到最后业务趋于平稳，社会化物流服务水平的提升，必然会要求电商企业开放自身的物流服务渠道以供全社会使用。同时,对于自建渠道的不足又会吸纳优秀供应商进入服务体系,最终形成一个波浪式前进、螺旋上升的发展模式。

5. 第四方物流模式

这种模式是专业化的物流咨询公司,应物流公司的要求为其提供的物流系统的分析和诊断,或提供物流系统优化和设计方案等。从某种程度上讲,第四方物流是个大概念,是真正能把众多的、成百上千家第三方整合在一起的供应链管理型公司。

6. 自营物流+第三方物流配送

这一模式是有经济实力的企业可以采取的模式,因为即使再有实力的企业,也不可能是"全能型企业"。因此,与第三方物流企业配合,建立协同关系是必然选择。

7. 自营物流+消费自提/自营配送

这种模式是企业在选择自营物流的同时,也发挥现有渠道企业的作用和消费者的作用,如可以利用便利店、社区店的业态进行创新,如京东的自营服务站。

8. 消费者自提/第三方配送

利用第三方物流,同时发挥消费者自提的积极性,发挥第三方配送作用,直接送到消费者手中,利用第三方配送的作用,扩大物流配送的社会化功能。

9. 第五方物流模式

这种模式是指从事物流人才培训的同时,也可为物流第四方提供信息支持的一方,为供应链物流系统优化、供应链资本运作等提供全程物流解决方案的一方。

 实用链接

顺丰借无人机加速布局农村市场

根据顺丰介绍,顺丰航空在2016年就已经承载了国内航空货运量的20%,该比例还未包括向边远地区的航空运输。目前,国内的航空网络主要覆盖一二线城市,如果想运送到四五线城市或者比较大的县城和城镇,甚至更偏远地区,时效都不甚理想。那里机场较少、山脉纵横、路网基础差,卡车无法实现快速转运,快件往往需要72~96小时才能送达,这无疑需要一个更便捷有效的方式来解决这一困境,而大型物流无人机就成为了重要选择。

以四川为例,目前从攀枝花到成都陆运需要12~15小时,如果把支线的陆运转变为大型无人机空运,时间将缩短为2.5小时,这可极大提升快件时效和服务可靠性。顺丰认为,未来公司将形成由货机、大型无人机与小型无人机共同构建的顺丰"三段式空运网",机动匹配并覆盖国家干线、城市干线及偏远地区最后一公里的运输需求,实现36小时快件通达全国。

(资料来源:http://www.100ec.cn/detail--6406763.html)

农产品产销对接中心

为迎接即将到来的首届"中国农民丰收节",京东集团于2018年9月13日举办了主题为"指尖连天下、电商庆丰收"的京东庆丰收全民购物节启动仪式。在启动仪式上,京东将原有的"农产品滞销帮助中心"升级为"农产品产销对接中心",并与农业农村部共同为产销对接中心揭牌。

农产品滞销帮助中心已先后帮助广西、云南、湖北等地销售了210万斤百色芒果、800吨钦州荔枝、150吨云南大蒜、40吨枣阳桃子,等等,效果十分显著,得到了农业部和业内的一致好评,而这也是京东携手农业部将"农产品滞销帮助中心"升级为"农产品产销对接中心"的重要契机之一。

从"帮助滞销"升级到"对接产销",京东再次打开视野、扩充格局,不仅仅将目光锁定在滞销农产品身上,而是站在了行业高度上去思考如何利用自身在销售及物流方面的优势,帮助各地农产品实现深加工,提高产品附加值,从而实现现代农业的可持续发展目标。

(资料来源:http://www.100ec.cn/detail--6471351.html)

 项目案例分析

农产品电子商务物流的竞争一触即发

昔日"烂在树上无人问津"的水果,如今随着一批物流企业下沉至三四线城市甚至农村,开始享受"走出去"的红利。

湖南怀化,是著名的水果之乡,从2015年开始通过电商销售农副产品和水果以来,通过前几年掀起的网上购物热潮,几乎所有物流公司都早已聚集在这里,但商品往往运进去容易,运出去难,尤其是水果这样货值不高但分量不轻的大件,此前并不受青睐。但随着京东、阿里等互联网巨头和传统物流公司的进入,这样的烦恼正慢慢减少。

根据数据统计,2017年,中国社会物流总费用12.1万亿元,占GDP比例为14.6%,发达国家一般为6%~7%。面对竞争,传统老牌物流企业压力不小,"每年水果运输高峰期是3,4月份,剩下的是漫长的淡季。"为了几个月的旺季投入大量物流建设是否值得,是驻扎在这些地区老牌物流企业们纠结的难题。但另一边,市场已经热起来是不争的事实。据德邦快递一位工作人员介绍,去年年底拿到百万级奖励的各大区销售经理几乎全是来自河南、华北等一二线城市之外的大区,根据考核指标，这些地区的出货量呈几何倍数的增长。

"我们将投入上千亿元，如果一千亿不够，那我们就再投资几千亿。"2018年5月，马云在全球智慧物流峰会上提出加大物流投入的战略规划。随着资本的进入，竞争一触即发。

（资料来源：http://www.100ec.cn/detail--6462868.html）

辩证性思考

互联网巨头和传统物流公司的进入，会给农产品电子商务现状带来什么样的变化？

项目检测

知识目标检测

1. 什么是农产品电子商务？
2. 农产品电子商务的基本构成元素有哪些？
3. 农产品电子商务物流的特点是什么？
4. 农产品电子商务物流模式有哪些？

能力目标检测

检测项目：选择一家农产品企业，对该企业进行农产品电子商务物流分析。

检测目的：通过检测，进一步熟悉、掌握农产品电子商务物流知识与模式，能够进行农产品电子商务物流的分析。

检测要求：由班级学习委员组织全员分团队对农产品企业电子商务物流模式进行分析讨论，教师进行评价。

项目9 农产品绿色物流

项目目标

知识目标

掌握农产品绿色物流的概念、价值和农产品绿色物流管理的要点。

能力目标

能够运用农产品绿色物流基本知识,对农产品绿色物流进行分析。

项目导入案例

新发地推行农产品绿色运输专线

北京新发地农产品批发市场的"新发地供应链"整合社会有效运力资源,打造出一条农产品绿色运输专线。主要通过以下几方面进行推进:

1. 改变传统物流劣势

农产品由产地至市场的全过程,解决货物在途不透明,车辆监管缺失等问题;新发地发货网解决信息不对称,使商户能够高效便捷地找到优质运力;进场预约系统,则能缓解园区内部及周边交通拥堵,控制场内流量,进而平抑物价。

2. 节能减排推广绿色城市配送

无论是车辆管理的实时监控、轨迹回放,还是驾驶行为分析,都能通过手机APP实现在线监控。新发地发货网,一方面打造产地到市场的农产品绿色运输专线,另一方面整合社会优质运力资源。自有运力为商户提供绿色专线服务,社会运力则满足商户个性化需求。

为减少园区内外交通拥堵,预约进场系统建成后,货车进场必须提前预约,预约时段内,出示预约信息才能准许通行;同时针对园区的运输车辆实现网上进出申报。预约成功后,生成城市环线通行证,同时可以走市场快速进出通道,以此来控制五环以内货车进出流量,缓解交通压力。新发地供应链服务同时将增大电动运输车的使用比例,推广绿色城市配送,以达到节能减排的目标。

3. 完善农产品供应最后1千米

遵循京津冀协同发展规划,为了更好地配合首都城市建设发展,北京新发地市场启动全面升级改造。新发地供应链作为新发地市场升级改造中顺应而生的全新部门，作为全国各地农产品源头产地和新发地市场之间的纽带，服务于新发地转型升级。

新发地供应链的专业能力，集合新发地市场商户产地到市场的需求，以市场高性价比的服务，可为商户提供充足可靠的运力资源，应用先进的运输管理系统，辅助市场商户有效地管控农产品流通过程的各节点。通过信息化的手段，大数据分析帮助市场商户调整供销节奏，乃至新发地市场各类产品的供销节奏，达到有效管控产品的库存结构，平抑农产品的价格，稳定农产品供应。

同时，完善城市生活必需品绿色配送服务体系，为北京各大院校、机关单位、社区提供上门配送，确保农产品供应"最后1千米"得到有效的落实。

（资料来源：http://news.sina.com.cn/o/2016-04-27/doc-ifxrpvqz6981900.shtml）

辩证性思考

北京新发地是如何解决农产品绿色物流运输过程中遇到的障碍的？

任务1 农产品绿色物流

9.1.1 农产品绿色物流的概念

农产品绿色物流是指融入了环境可持续发展理念的物流活动，强调农产品在物流活动的过程中不变质、不受污染和实现增值，以及物流操作管理全过程的绿色化。农产品绿色物流涵盖了与农产品相关的生产、流通、消费等多个领域，其中包括集约资源、农产品绿色运输和绿色仓储、绿色包装和逆向物流等内容。

9.1.2 农产品绿色物流的内容

农产品绿色物流的内容主要包括以下五方面。

1. 集约资源

这是绿色物流的本质内容，也是物流业发展的主要指导思想之一。通过整合现有资源，优化资源配置，企业可以提高资源利用率，减少资源浪费。

2. 绿色运输

运输过程中的燃油消耗和尾气排放，是物流活动造成环境污染的主要原因之一。因此，要想打造绿色物流，首先要对运输线路进行合理布局与规划，通过缩短运输路线，提高车辆装载率等措施，实现节能减排的目标。另外，还要注重对运输车辆的养护，使用清洁燃料，减少能耗及尾气排放。

3. 绿色仓储

绿色仓储一方面要求仓库选址要合理，有利于节约运输成本；另一方面，仓储布局要科学，使仓库得以充分利用，实现仓储面积利用的最大化，降低仓储成本。

4. 绿色包装

包装是物流活动的一个重要环节，绿色包装可以提高包装材料的回收利用率，有效控制资源消耗，避免环境污染。

5. 逆向物流

逆向物流是指所有与资源循环、资源替代、资源回用和资源处置有关的物流活动，它能够充分利用现有资源，减少对原材料的需求，常被发达国家作为建设循环型经济的重要举措。

9.1.3 农产品绿色物流的价值

1. 有利于降低农产品流通成本

与普通工业品相比，农产品品种多、数量大，生产受自然条件的制约程度高，生产地点和消费地点都非常分散，导致物流范围广泛，而且在物流过程中对包装、装卸、运输、仓储、防疫和保鲜等方面有着较为特殊的要求，形成了巨大的物流成本。农产品因积压而腐烂的现象时有发生，导致社会资源的大量浪费。农产品绿色物流强调的是"低投入+大物流"的方式，在实施过程中，对农产品的采购和分拨、配送、仓储环节乃至整个供应链管理进行科学规划和合理布局，有利于节约农业资源，降低流通成本，拓展农产品的利润空间。例如对农业自然资源进行回收和重复使用等逆向物流举措，可以降低农业企业和农户的原料成本。因此，农产品绿色物流是农产品流通领域发展的必由之路，实施农产品绿色物流符合可持续发展战略的要求，有利于发展农业生产、降低农产品损失率和物流成本，提高农业生产的整体效益。

2. 有利于提升农产品的附加值

物流活动贯穿了生产、流通和消费的全过程，因此，合理、高效的物流能够通过对整个生产、流通和消费结构的协调与完善而带来巨大的利润。首先，农产品绿色物流可以通过需求预测、订单处理、分销配送、存货控制、交通运输、仓库管理、包装、搬运、退货和废弃物处理等环节来实现农产品流通过程的增值，成为真正意义上的"第三利润源泉"。其次，农产品绿色物流的绿色形象和内涵，还有利于增加农产品的品牌价值，提高农产品的市场竞争力。

3. 有利于提升企业的无形价值

"绿色物流"的绿色形象和信誉在人们心中有着特定的意义,因而,其有助于农产品物流企业提升其无形价值,更能赢得群众的信任。企业的无形价值包括企业形象、企业信誉和企业责任等。企业伦理学指出,企业在追求利润的同时,还应努力树立良好的企业形象、企业信誉和履行社会责任的无形价值。无形价值虽然仅仅是一种概念价值,但却能直接影响企业实实在在的收益。这就是为什么很多跨国公司关注公益事业、关注社会问题的原因。不可否认,农产品绿色物流对现代农产品物流企业形成其社会价值有重要作用。农产品绿色物流将农产品物流企业推向可持续发展的前沿,有助于农产品物流企业树立良好的企业形象和赢取公众的信任。绿色物流企业也比较容易获得一些与环境相关的认证,如ISO 14000环境管理体系,从而在激烈的市场竞争中获得一定的优势。

4. 有利于打破非关税壁垒的限制

近年来,随着非关税壁垒的应用越来越广泛,我国农产品在进入国际市场时往往会面临"绿色壁垒"的限制,给农产品出口带来了巨大压力。实施农产品绿色物流,通过在生产、加工、包装、配送、仓储等环节严格把关,推行国际通行的环境认证制度,可以打破绿色贸易壁垒,增强我国农产品的出口竞争力。

任务2 农产品绿色物流的管理

9.2.1 农产品绿色物流管理的内容

1. 绿色供应商管理

供应商的原材料、半成品质量的好坏优劣直接决定着最终产成品的性能,所以要实施绿色物流,还要在源头上加以控制。由于政府严格管制企业的环境行为,加上供应商的成本绩效和运行状况对企业经济活动有着直接影响,因此,在绿色供应物流中,有必要增加供应商选择和评价的环境指标,对供应商的环境绩效进行考察。如考察潜在供应商是否因为环境污染问题而被政府课以罚款?潜在供应商是否因为违反环境规章而有被关闭的危险?供应商供应的农产品是否采用绿色包装?供应商是否通过ISO 14000环境管理体系的认证?

2. 绿色生产管理

绿色生产包括绿色原材料的供应、绿色设计与制造以及绿色包装。

（1）绿色原材料。绿色产品的生产首先要求构成产品的原材料具有绿色特性，绿色原材料应符合以下要求：环境友好性；不加任何涂镀，废弃后能自然分解并能为自然界吸收的材料；易加工且加工中无污染或污染最小；易回收、易处理、可重复使用的材料，并尽量减少材料的种类，这样有利于原材料的循环使用。

（2）绿色设计。绿色设计要求面向产品的整个生命周期，即在概念设计阶段，就要充分考虑产品在制造、销售、使用及报废后对环境的影响，使得在产品再制造和使用过程中可拆卸、易收回，不产生毒副作用及保证产生最少的废弃物。

（3）绿色制造。绿色制造包括两个目标，一是通过可再生资源、二次能源的利用及节能降耗措施缓解资源枯竭，实施持续利用；二是减少废料和污染物的生成排放，提高工业品在生产过程和消费过程中与环境的相容程度，降低整个生产活动给人类和环境带来的风险，最终实现经济和环境效益的最优化。

（4）绿色包装。包装是在商品输送或储存过程中，为保证商品的价值和形态而从事的物流活动。绿色包装是指采用节约资源、保护环境的包装，其特点是材料最省，废弃最少并且节约资源和能源；易于回收利用和再循环；包装材料可自然降解并且降解周期短；包装材料对人的身体和生态无害。绿色包装要求提供包装服务的物流企业进行绿色包装改造，包括使用环保材料、提高材质利用率、设计折叠式包装以减少空载率、建立包装回用制度等。

3. 绿色运输管理

交通运输工具带来大量能源消耗，运输过程中排放大量的有害气体，产生噪声污染，都会对环境造成很大的影响。因此，构建企业绿色物流体系至关重要。

（1）合理配置配送中心，制订配送计划，提高运输效率以降低货损量和货运量。开展共同配送，减少污染。共同配送是以城市一定区域内的配送需求为对象，人为地进行有目的、集约化地配送。它是由同一行业或同一区域的中小企业协同进行配送。共同配送统一集货、统一送货，可以明显地减少货流；有效地消除交错运输，缓解交通拥挤状况，提高市内货物运输效率，减少空载率；有利于提高配送服务水平，使企业库存水平大大降低，甚至实现"零"库存，降低物流成本。

（2）实施联合一贯制运输。联合一贯制运输是指以件杂货为对象，以单元装载系统为媒介，有效地巧妙组合各种运输工具，从发货方到收货方始终保持单元货物状态而进行的系统化运输方式。通过运输方式的转换可削减总行车量，包括转向铁路、海上和航空运输。联合一贯制运输是物流现代化的支柱之一。

（3）评价运输者的环境绩效。为了应对日益严峻的环境问题，各地政府部门开始对运输污染采取极为严格的管理措施。同时政府交通部门充分发挥经济杠杆的作用，根据机动车的排污量来收取排污费。由此，企业如果没有绿色运输，将会加大经济成本和社会环境成本，影响企业经济运行和社会形象。

4. 绿色储存管理

储存在物流系统中起着缓冲、调节和平衡的作用，是物流的一个中心环节。储存的主要设施是仓库。现代化的仓库是促进绿色物流运转的物资集散中心。绿色仓储要求仓库布局合理，以节约运输成本。布局过于密集，会增加运输的次数，从而增加资源消耗；布局过于松散，则会降低运输的效率，增加空载率。仓库建设前还应当进行相应的环境影响评价，充分考虑仓库建设对所在地的环境影响。如易燃易爆商品仓库不应设置在居民区，有害物质仓库不应设置在重要水源地附近。采用现代储存保养技术是实现绿色储存的重要方面，如气幕隔潮、气调储存和塑料薄膜封闭等技术。

5. 绿色流通加工管理

流通加工是指在流通过程中继续对流通中商品进行生产性加工，以使其成为更加适合消费者需求的最终产品。流通加工具有较强的生产性，也是流通部门对环境保护大有作为的领域。

绿色流通加工的途径主要有：一方面变消费者分收加工为专业集中加工，以规模作业方式提高资源利用效率，以减少环境污染；另一方面集中处理消费品加工中产生的边角废料，以减少消费者分散加工所造成的废弃物污染。

6. 绿色装卸管理

装卸是跨越运输和物流设施而进行的，发生在输送、储存、包装前后的商品取放活动。实施绿色装卸要求企业在装卸过程中进行正当装卸，避免商品体的损坏，从而避免资源浪费以及废弃物环境污染。另外，绿色装卸还要求企业消除无效搬运，提高搬运的活性，合理利用现代化机械，保持物流的均衡顺畅。

7. 产品绿色设计、绿色包装和标识

绿色物流建设应从产品设计阶段开始，以产品生命周期分析等技术提高产品整个生命周期环境绩效，在推动绿色物流建设上发挥先锋作用。包装是绿色物流管理的一个重要方面，白色污染已经引起社会的广泛关注，过度包装也造成了资源的浪费。因此，再生性包装因其容易回收的性质得到越来越广泛的使用，可以重复使用的集装箱也是绿色包装的典型。

9.2.2 农产品绿色物流管理存在的问题

1. 农产品绿色物流意识淡薄

人们对农产品绿色物流的思想意识还没有完全确立，缺乏发展的前瞻性，与现代物流的时代步伐还有一定的差距。生产者和消费者对农产品绿色物流经营、消费理念还比较薄弱，绿色物流思想也未确立。

从农产品生产的角度看，目前我国农产品的生产仍以个体农户为主，经营方式较粗放，关注的重点在于农产品的产量和价格，农户无法充分掌握物流信息，更不能完全介入供应链；农产品生产企业虽然实力较为雄厚，但由于当前我国农产品生产利润不高，导致农产品生产企业不愿主动承担社会责任，绿色意识淡薄，农产品绿色物流实施存在困难。

从农产品消费的角度看，消费者追求的是产品质量和绿色保障，对于绿色物流环节没有足够的重视。

从农产品物流的提供者角度，从事农产品物流的企业大多数是传统的储运企业，对农产品绿色物流的重要性认识不足，提供的服务仍然停留在传统的农产品物流层面上，以提供农产品的运输和仓储保管服务为主，企业内部管理更是缺乏现代物流理念，没有把农产品绿色物流作为企业未来的发展方向。

各级地方政府更多考虑地方的经济利益，仅考虑物流的"利润创造"功能而没有绿色化的概念，对发展绿色物流重视不够。因此，在发展农产品绿色物流的过程中要尽快提高认识、更新思想，面向绿色物流的未来。

2. 农产品绿色物流过程中无效物流严重，流通成本高

由于受传统观念及我国加工设施落后、水平低下的影响，我国大部分农产品尤其是生鲜果蔬都未经过任何加工处理，直接进城销售，这就造成了无效物流严重的现象。以蔬菜为例，据有关资料显示，100吨毛菜可以产生20吨垃圾，由此可以推算出毛菜进城到农贸市场上销售时存在着一个数量惊人的无效物流成本。如果再加上相关垃圾处理、环境保护和市容管理等方面的费用，要维持一个农贸市场的正常运作，那成本开支将是惊人的。

3. 农产品绿色物流的发展缺乏法律制度的保障

我国针对环境污染方面的政策和法规颁布的较多，但针对物流行业的还不是很多，涉及农产品绿色物流的就更少了。第十届全国人民代表大会第四次会议通过的"十一五"规划纲要提出要"大力发展现代物流业"，标志着我国现代物流业进入一个新的发展阶段，但农产品绿色物流领域对政府和企业而言还是一个全新的课题，政府如何从政策、法规方面推进农产品绿色物流的全面实施，还是一个有待深入研究的课题。与发达国家相比，我国尚未形成一个有利于农产品绿色物流发展的良好环境，缺乏规范化的市场监督机制和激励机制，且对农产品绿色生产、绿色包装、绿色运输、绿色仓储等绿色物流环节的管理缺乏政策引导，导致整个农产品物流行业处于一种无序发展的状态中，造成了资源配置上的极大浪费，这些都不利于农产品绿色物流在推行和发展。

4. 农产品绿色物流技术落后

要实施高效的农产品绿色物流，不仅依赖绿色物流思想的建立、物流政策的制订和遵循，更离不开绿色技术的掌握和应用。目前，我国的农产品物流技术和绿色要求还存在较大的差距。农产品物流形式单一、物流技术落后使得农产品物流过程中无效物流严重，无效物流成本占农产品销售收入的比例较高，损耗较大。具体表现在以下几方面。

（1）农产品物流仍以常温物流或自然物流为主，冷链物流尚未形成。据统计，我国目前生鲜果蔬产品的冷链运输仅占总量的10%~20%，而美国、欧盟等国的这一比例高达80%。冷链运输尚未普及致使农产品在物流过程中损耗率极高。我国每年生产的水果蔬菜等农产品从田间到餐桌的损失率竟高达25%~30%，远远高于发达国家5%以下的果蔬损失率水平。按照这个比例计算，我国每年大约有1亿多吨果蔬腐烂损失。发展冷链物流可以大大降低物流环节损失率。

（2）农产品物流的包装技术落后。我国农产品包装过于简单，许多农产品甚至未经包装就直接上市，这样不仅使农产品极易受到污染甚至腐烂变质，在物流过程中容易导致损失，与绿色物流理念背道而驰。在包装材料及包装方式的处理上，与农产品绿色物流倡导的可重用性、可降解性也存在较大的差距。

（3）物流信息技术水平低下。我国农产品物流的信息化程度低下，未能充分运用条形码技术、电子标签（RFID）技术、EDI技术等电子信息技术，导致供应链之间的需求信息传递被扭曲，信息失真严重，极大地破坏了供应链的协调，农产品物流各环节衔接不畅，物流成本加大，这些均背离了绿色物流的内涵。

5. 农产品绿色物流专业化和社会化程度低

我国农产品的生产主要以个体农户为主的分散经营模式，加工方式以初级加工为主，农产品的附加值低，形成了一个以批发市场为枢纽，以农民和个体商户为主体的初级农产品流通体系，在农产品物流模式上仍以供方物流模式为主，农产品的运输、装卸搬运、仓储基本上由农户自己完成。个体农户重生产、轻储运，难以形成现代物流管理思想，对第三方物流存在认识观念上的障碍，导致农产品物流的专业化和社会化程度低。现阶段一些大中城市在建和拟建的农产品绿色物流园区、农产品绿色物流基地等项目虽然很多，但已经建成投入使用的农产品绿色物流中心有相当比例处于亏损经营状态。此外，各物流职能部门又难以协调，不能形成一个具有内在联系的物流大系统，导致农产品绿色物流社会化程度效率低下。

6. 农产品绿色物流专业人才紧缺

从事物流行业需要具备一定的物流专业知识背景，而从事农产品物流还应了解农业与农产品的相关知识,如果蔬物流、花卉物流、深加工食品物流和保鲜物流等。在某些发达国家,农产品物流从业人员必须持有相关行业的就业资格证书,以保证农产品物流供应链管理的效率和质量。由此可见,专业人才对农产品绿色物流发展的重要性。目前我国还没有专门针对农产品物流方面的人才培训体系和机制,物流行业从业人员大多没有经过专门的学习与培训,能够从事农产品绿色物流的专门人才更是缺乏。我国虽然已经有近百所高校开设了物流专业,但大多侧重于工业物流人才的培养,而农产品绿色物流专业人才相对匮乏。

> **实用链接**
>
> **国外农产品绿色物流的发展现状**
>
> 美国经济高度发达,也是世界上较早发展农产品物流业的国家之一。美国政府在物流高度发达的经济社会环境下,不断通过宏观政策的引导,确立以现代物流发展带动社会经济发展的战略目标,其近景远景目标都十分明确。一般农产品在实际物流活动中,对物流的运输、配送和包装等方面应用诸多先进技术,如配送规划、绿色包装等,为农产品物流活动的绿色化提供强有力的技术支持和保障。
>
> 另外,欧洲是引进"农产品绿色物流"概念较早的地区之一,也是较早将现代技术用于农产品绿色物流管理、提高农产品物流绿色化的先锋。其目的是实现最终消费者和最初供应者之间的物流与信息流的整合,即在农产品流通过程中加强合作,改变原先各生产者分散的物流管理方式,减少无序物流对环境的影响。
>
> (资料来源:张刚《浅析我国农产品绿色物流发展的现状》)

9.2.3 农产品绿色物流管理的路径

1. 加大农产品绿色物流宣传力度,强化农产品绿色物流观念

当前,很多人对农产品绿色物流的真正含义比较陌生、不理解,甚至连农产品绿色物流企业也不够重视,这就需要政府有关部门加大对农产品绿色物流的宣传力度,强化人们的观念。要想使农产品绿色物流理念宣传到位,必须从根本出发,农产品从"田地"到"餐桌",都要采用绿色环保的手段,针对不同物流环节的作业人员进行不同的宣传培训。另外,还应建立以政府有关部门为主导,社会团体为辅的宣传组织,充分发挥各个组织的功能,调动企业的积极性,培养企业的绿色意识和自觉行为,提高整个社会对绿色农产品、农产品绿色物流的认知程度。

2. 建设基于物联网的农产品绿色物流信息网络体系

现代化的信息技术和网络信息系统是发展农产品绿色物流的强有力工具。一方面，引入条码技术、无线射频识别技术，迅速准确地采集企业物流信息和农产品信息，为农产品的生产、流通、销售决策提供依据。将物联网技术引入农产品的生产、运输、仓储、质量监测管理和智能化的交易管理中，建立基于物联网的农产品绿色物流信息网络体系，实现对农产品从田间到餐桌各个环节质量安全的有效追溯，既能提高农产品的质量，又能降低农产品的物流成本。另一方面，建立并完善高技术农产品绿色物流信息系统，实现农产品物流信息共享，将农产品绿色物流信息及时发布给对信息资源利用率比较高的农民专业合作社和农业龙头企业，发挥其利用处理信息的优势，统一调控农产品物流资源，优化农产品物流配送过程，减少资源消耗与环境污染，提高农产品物流的效率。

3. 完善农产品绿色物流发展的相关政策法规

农产品绿色物流的发展离不开健全的政策法规的保障，完善农产品绿色物流相关的政策法规，规范行业标准，将农产品绿色物流融入物流经济，做到新常态下环境与经济共存。在政府宏观政策的引导下，各地区应把发展现代物流作为推动地方经济发展的战略目标，把环境保护与生态平衡纳入社会发展规划，构建标准化的农产品绿色物流体系，加强绿色物流的制度设计，建立健全农产品绿色物流市场准入机制和生态环境保护机制。

4. 加强农产品绿色物流专业人才的培养力度

针对农产品绿色物流专业人才的稀缺问题，政府应加强人才培养规划，可以通过相关政策鼓励企业建立人才培养体系，同时还可以采用多种方式如专家专题讲座、实地考察、短期培训形式为农产品生产及流通企业提供各种绿色物流技术学习及培训支持。还可以在各大高校开设相关的专业课程，制定合理的培养方案，加快培养高水平的专业人才；充分调动与加强企业、大学和科研机构间的合作，加快应用型物流技术的开发与应用的研究工作。

 项目案例分析

海吉星：农产品绿色物流运营模式

天津海吉星物流园区项目是天津市重大建设项目，并列入天津市"十二五"规划、国家中法合作年项目。总投资约150亿元，总建筑面积360万平方米，可容纳各类企业和商户近1万家，每天进场交易车辆将达4~5万辆，吸纳就业人员近10万人，带动就业可达50万人。海吉星项目运作方向始终围绕着以"绿色交易"为核心目标来运行。"高水平的管理、高规格的服务、高标准的建设、高效率的运营、高效能的规划"是海吉星向第三代农产品批发市场建设的基本思路。而且,海吉星公司的特设运营模式也借鉴了其他公司在绿色环保、冷链储运、科技信息、电子商务、金融服务、现代交易、食品安全、项目建设等多行业新型特色模式和创新成果。

1. 创新型交易多元化模式

由于农产品交易具有其自身的特性,具体的交易环节和交易规模在实际的交易操作中往往受到交易环境和交易条件等因素的影响,而这些各种各样的因素往往需要采用多元化的交易方式。海吉星在交易方式上注重传统交易与现代交易方式的现货对手交易、拍卖交易、订单交易等多种交易方式的选择运用,提高了交易效率,回避了交易风险,总结了创新性的交易多元化模式。

2. 全程冷链物流模式

海吉星冷链储运采用全程冷链系统,全程冷链模式的应用是保障农产品从基地—运输—加工仓储—配送各个环节实现全冷链运行,冷链储运的功能是有效地实现各种冷链资源的合理使用和配置、提高农产品预存率、减少损耗率、简化作业流程、缩短流通流程,对保证农产品质量,保证食品安全具有重要的现实意义。

3. 创新型金融服务模式

目前农产品物流的金融供给长期处于供给不足的状态,据统计,由于城乡二元结构等因素,用于农业的资金通过各种渠道大部分流入了城市,出现了金融机构农业贷款严重不足的情况,再加上我国的乡镇中小企业有一部分面临生产规模小,资金回笼慢等一系列金融困境,因此,中小企业在发展过程中会面临企业金融困境。基于这种状况,海吉星建立了全国性农产品供应链综合金融服务平台,中小企业也愿意同像海吉星这样的物流企业合作,可以为中小企业进行P2P聚合贷款、银行小额贷款、融资担保等金融服务,解决长期以来制约农产品流通发展的融资难的问题,开创了金融融资新模式。

(资料来源:于琼《我国农产品绿色物流发展研究——以天津海吉星农产品绿色物流园为例》)

辩证性思考

谈谈你对海吉星农产品绿色物流运营模式的看法。

项目检测

知识目标检测

1. 什么是农产品绿色物流?

2. 农产品绿色物流的价值有哪些?

3. 农产品绿色物流管理的措施有哪些?

能力目标检测

检测项目:选择一家农产品绿色物流企业,并对该企业进行农产品绿色物流分析。

检测目的:通过检测,进一步熟悉、掌握农产品绿色物流的知识与管理内容,能够进行农产品绿色物流的分析。

检测要求:由班级学习委员组织全员分团队对农产品绿色物流企业的现状进行分析讨论,教师进行评价。

项目10　农产品冷链物流

项目目标

知识目标

熟悉农产品冷链物流的概念与特点；掌握农产品冷链的构成要素和农产品冷链物流的主要模式；掌握果蔬冷链物流的流程、肉类冷链物流的流程和水产品冷链物流的流程；掌握农产品冷链物流全过程质量管理的内容。

能力目标

能够运用农产品冷链物流知识，对农产品企业进行农产品冷链物流分析。

项目导入案例

众品：冷链物流走向天下

众品冷链物流定位为中国冷链食品服务的集成商，紧紧围绕食品安全、营养与运营效率，以供应链管理和系统化管理理念为核心，众品冷链物流以网络化冷链物流基地+供应链整合优化服务+生鲜加工为支柱，营造在中国乃至全球温控供应链上的比较优势，为客户提供端到端全程透明、集成的温控供应链服务。众品在全国已规划建设15个销地生鲜物流配送中心和10个产地生鲜加工配送中心，3个连接产、销两地的综合物流中心，物流服务和市场网络覆盖全国26个省(区、市)。众品对原有的ERP系统进行更新升级，完成了自由冷链系统与客户监控系统的对接，便利客户及时监测货品仓储状况及配送情况。

（资料来源：http://blog.sina.com.cn/s/blog_14c4428810102w7tp.hyml）

辩证性思考

分析众品冷链物流的特色。

任务1 农产品冷链物流

农产品流通量大,其中生鲜农产品在常温物流下容易腐烂变质,导致严重的损耗,因此,必须建立农产品冷藏链,发展冷链物流。冷链物流对于确保农产品的质量安全和优良品质起到至关重要的作用。

10.1.1 农产品冷链物流的概念

冷链物流也叫低温物流,是一种特殊的物流形式。农产品冷链物流是指冷藏冷冻类农产品在生产、储藏运输、销售到消费前的各个环节中始终处于规定的低温环境,以保证农产品质量,减少农产品损耗的一项系统工程。

农产品冷链物流是随着科学技术的进步、制冷技术的发展而建立起来的,是以冷冻工艺学为基础、以制冷技术为手段的低温物流过程。冷链适用于初级农产品(果蔬、肉类、水产品、花卉等)、加工食品(速冻食品、包装熟食、奶制品等)和特殊商品(如药品等)。本项目着重介绍果蔬、肉类和水产品三类农产品冷链物流。

> **实用链接**
>
> **国家积极出台农产品流通、农产品冷链等扶持政策**
>
> 2018年中央1号文件《关于实施乡村振兴战略的意见》重点建设现代化农产品冷链仓储物流体系。近年来,我国冷链标准不断出台,产地冷库建设增多,冷藏库、保鲜库、气调库体量将有所增加。冷链物流体系也将逐步走向第三方服务,食品安全相关法律条令逐渐完善,我国食品安全标准体系完成了对5 000项食品标准的清理整合,共审查修改了1 293项标准,发布了1 224项食品安全国家标准。
>
> 由于生鲜农产品产量快速增加,每年约有4亿吨生鲜农产品进入流通领域,冷链物流比例逐步提高,目前我国果蔬、肉类和水产品冷链流通率分别达到5%,15%和23%,冷藏运输率分别达到15%,30%和40%,冷链物流的规模快速增长。
>
> 2017年我国农产品冷链物流总额达到了4万亿元,同比增长14.29%,占全国物流总额252.8万亿的1.58%,冷链物流总收入达到2 400亿元,增长了10%。另外,冷链物流仓储超过1亿立方米,冷链车达到了13.4万辆,全年增加了1.9万辆。我国农产品冷链物流仅占全国物流总额的1.58%,占比较低。
>
> (资料来源:https://www.sohu.com/a/258546134_494876)

10.1.2 农产品冷链物流的适用范围

农产品冷链物流是以保证冷藏冷冻类农产品品质为目的,以保持低温环境为核心要求的供应链系统,通过对温度进行监控,以保证其品质的优良性和安全性。

目前,冷链物流的适用范围包括三类。一是初级农产品,包括蔬菜、水果,肉、禽、蛋、水产品、花卉产品;二是加工食品,包括速冻食品、禽、肉、水产等包装熟食,冰淇淋和乳制品,巧克力,快餐原料;三是特殊商品,包括药品和疫苗。药品和疫苗不属于农产品冷链物流的范畴,因此农产品冷链物流适用的商品一般可以根据存储温度的不同分为四类。

1. 冷藏食品

适于0~7℃保存,如生鲜蔬菜(叶菜类、裁切生鲜蔬菜)、果汁、牛奶、乳饮料、禽蛋类等。

2. 冰温食品

适于在–2~2℃保存,如畜肉品(牛、猪、羊肉等)、禽肉品(鸡肉、鸭肉等)、水产品(鲜鱼、贝类等)等。

3. 冷冻食品和冰品

适于在–18℃以下保存,如冷冻果蔬、冷冻农产品(速冻玉米)等。

4. 超冷链食品

适于在–50℃以下保存,如生鱼片等。

10.1.3. 冷链物流的特点

由于农产品始终要保持低温条件,与常温物流相比,冷链物流具有以下特点。

1. 冷链物流的设备要求高

在冷藏品的加工、储藏及配送到零售商店的各个环节,都需要特殊的可以保证农产品在规定的温度(低温)状态的足够数量和质量的预冷站、冷库、冷藏车、冷柜、冷箱等冷冻、冷藏及空调系统和保冷隔热相关设施,所以冷链物流的投入成本很高。

2. 冷链物流需要相当强的技术支持

由于鲜活农产品具有含水量高,保鲜期短,极易腐烂变质等特点,使得对生鲜农产品在仓储、包装、运输等环节的技术要求大大提高。应用于鲜活农产品物流的技术主要有物流信息技术、冷藏运输技术、仓储保鲜技术等。例如微波保鲜、薄膜保鲜、加压保鲜技术;二维码IC卡电子标签、数字加密、数字水印、虚拟托盘、虚拟仓储等技术;指纹、声纹、视网膜等识别技术以及GIS(地理信息系统)、GPS(全球卫星定位系统)、EDI技术。冷藏链各环节、各接口都需要特定的冷藏技术的支撑。

3. 冷链物流要求物流各环节具有较高的组织协调性

农产品冷链物流具有时效性和精益性双重特征，大部分冷藏品的保质期很短，需要在较短的时间内完成整个供应链转移过程，在物流各个节点上和运输途中有严格的温度、湿度监控和质量控制，不能间断；要求冷链中设备的数量协调，设备的质量标准一致，以及快速的作业组织；要求加工部门的生产过程，经营者的货源组织，运输部门的车辆准备与途中服务、换装作业的衔接，销售部门的库容准备等均应快速组织并协调配合，保证冷链协调、有序、高效地运转。

4. 冷链物流的商品质量控制难度非常大

要保证冷藏品的最终质量，就必须保证包括加工、运输、储存、销售等各个环节的质量以及接口环节的质量，这给冷藏品全程质量控制带来很大的难度。

10.1.4 农产品冷链的构成

农产品冷链由冷冻加工、冷冻储藏、冷藏运输和冷冻销售四方面构成。

1. 冷冻加工

包括肉禽类、鱼类和蛋类的冷却与冷冻，低温状态下的加工作业过程，蔬菜的预冷以及各种速冻食物和奶制品的低温加工等。在这个环节上主要涉及的冷链装备有冷却、冻结装置和速冻装置。

2. 冷冻储藏

包括食品的冷却储藏和冻结储藏，以及水果蔬菜等食品的气调储藏。它可保证食品在储藏和加工过程中的低温保鲜环境。此环节主要涉及各类冷藏库、加工间、冷藏柜、冷冻柜及家用冰箱等。

3. 冷藏运输

包括食品的中、长途运输及短途配送等物流环节的低温状态。它主要涉及铁路冷藏车、冷藏汽车、冷藏船、冷藏集装箱等低温运输工具。在冷藏运输过程中，温度波动是引起食品品质下降的主要原因之一，所以运输工具应具有良好的性能，这对远途运输来说尤其重要。

4. 冷冻销售

包括各种冷链食品进入批发零售环节的冷冻或冷藏和销售，它由生产厂家、批发商和零售商共同完成。随着大中城市各类连锁超市的快速发展，各类连锁超市正在成为冷链食品的主要销售渠道，在这些零售终端，大量使用了冷藏、冷冻陈列柜和储藏库，它们成为完整的食品冷链中不可或缺的重要环节。

10.1.5 农产品冷链物流的主要模式

按照能源供给方式，目前，国内外低温物流制模式可以分为电力驱动型（冷藏车）与无源蓄能型。而无源蓄能型按照载冷剂的不同又分为干冰载冷型和相变蓄冷材料载冷型两种。这三种模式的冷链配送方式都存在一定优缺点、成为目前冷链物流配送中的三种主要模式。

1. 冷藏车制冷低温配送

有源型低温物流制冷方式就是自带制冷单元的冷藏箱，常见的是自带压缩机组的冷藏车。冷藏车制冷的优点是能保持较长时间的低温，这种低温物流制冷方式主要应用于大批量低温货物的长途配送。

冷藏车的制冷原理，是利用压缩机的工作提供冷源，这种供冷模式决定了采用冷藏车进行低温配送的过程中要消耗大量的能源（燃油），其每百千米油耗能够达到2~4升。另外，在大量消耗能源的同时，采用冷藏车制冷的模式对环境也造成了巨大的污染。据分析，带制冷机组的冷藏车比普通货车尾气排放增加30%以上。在油价不断上涨的今天，这种配送模式无疑是既不经济也不环保的，这也导致了国内很多冷藏配送公司对冷链配送的期待成为一种泡影，大量冷藏车限制的情况成为这个行业的一个较为普遍的怪现象。

2. 以干冰作为冷源的低温配送模式

干冰曾经被广泛应用于保存温度在0°以下的生物制品、食品、水产品等的配送与保存，其出色的制冷效果让干冰一度成为冷链配送的"宠儿"。但是，近年来干冰也难逃在冷链配送中被扼杀的命运，各大航空公司基于安全的角度出发已经明令禁止使用干冰作为制冷剂。

干冰在使用过程中会产生800倍于自己体积的二氧化碳气体，存在较大的安全隐患，容易引起爆炸。另外，大量二氧化碳气体的排放对环境会造成较大的污染，致使温室效应的不断加剧。然而，由于没有合适的替代产品来保证特定货物的低温配送，造成了航空公司虽然明令禁止，但是又不得不偶尔为之的尴尬局面。

干冰除了其对环境的污染和存在较大的安全隐患外，干冰的采购、储存与使用都十分不方便，买回来的干冰必须马上使用掉，否则很快就会挥发掉，造成干冰使用成本的上升。这些特性也决定了干冰作为货运制冷剂退出物流配送的市场必然性。

3. 相变蓄冷材料的低温配送模式

以蓄冷材料（冰袋或者干冰）作为冷源的低温配送模式是利用蓄冷材料在相变过程中释放冷量来维持货物的低温，该模式非常适用于小批量、少量、多次的货物低温配送。作为一种全新的低温物流配送制冷方式，采用相变蓄冷材料的低温配送模式造价较低,无需额外的能源,使用非常方便。该种蓄冷材料在业内又有一种新的叫法,叫作干冰型冰袋,干冰型冰袋的一个显著特点就是节能环保。干冰型冰袋是通过储存冰箱中的冷量,并在运输过程中释放出来的制冷模式,其能耗成本只是冷藏车制冷机组的1.5%,干冰的1%。同时由于其不会排放出对环境有害的气体,同时也不会对环境造成污染,可以说是一种节能环保的绿色制冷方式。

干冰型冰袋蓄冷量高,用量少,可反复使用,性价比优于干冰与冷藏车制冷。干冰型冰袋储存和使用十分方便,无损耗、无浪费。干冰型低温冰袋可以像常见的普通冰袋一样储存,使用十分方便。干冰型冰袋的使用不受航空限制,使用更加安全可靠。

任务2 果蔬冷链物流

10.2.1 蔬菜分类

目前采用的蔬菜分类方法有三种:一是植物学分类法;二是食用器官分类法;三是农业生物学分类法。其中,蔬菜按食用器官分类法可分为以下几种类型。

1. 根菜类

以肥大的根部为产品,含有丰富的糖分和蛋白质,耐储藏,可分为:①直根类,有萝卜、胡萝卜、根用芥菜等;②块根类,有甘薯(俗称红薯)等。

2. 叶菜类

以叶片及叶柄为产品的蔬菜,水分多,不易储存,可分为:①普通叶菜类,有小白菜、叶用芥菜、菠菜、茼蒿等;②结球叶菜类,形成头球的蔬菜,有结球甘蓝、大白菜、结球莴苣、抱子甘蓝等;③香辛叶菜类,有大葱、香葱、韭菜、芹菜、香菜、茴香等。

3. 茎菜类

以肥大的茎部为产品的蔬菜,多数富含淀粉和糖分,含水分少,适于长期储藏,可分为:①肥茎类,以肥大的地上茎为产品,有莴笋、茎用芥菜、球茎甘蓝等;②嫩茎类,以萌发的嫩芽为产品,有竹笋、香椿等;③块茎类,以肥大的地下块茎为产品,有马铃薯;④根茎类,以地下的肥大根茎为产品,有姜、莲藕等;⑤鳞茎类,以肥大鳞茎为产品,有葱头、大蒜等。

4. 花菜类

以花器或肥嫩的花枝为产品的蔬菜,可分为金针菜、菜薹。

5. 果菜类

以果实及种子为产品的蔬菜，可分为：①瓜类，有黄瓜、丝瓜、苦瓜、冬瓜、南瓜、西葫芦等；②茄果类，有番茄、茄子、辣椒等；③豆类，有菜豆、豇豆、毛豆、蚕豆、豌豆、扁豆、刀豆等；④杂果类，有甜玉米等。

10.2.2 水果分类

1. 仁果类

本类水果属于蔷薇科。果实的食用部分为工作花托、子房形成的果心，所以从植物学上称为假果。例如苹果、梨、海棠、山楂、木瓜等。

2. 浆果类

果实含有丰富的浆液，故称浆果。例如葡萄、猕猴桃、草莓、番木瓜、石榴、人参果等。

3. 核果类

本类水果属于蔷薇科，食用部分是中果皮。因其内果皮硬化而成为核，故称为核果。例如桃、李、杏、杨梅、樱桃等。

4. 柑橘类

柑橘类水果包括柑、橘、橙、柚、柠檬五大品种。

5. 坚果类

这类水果的部分是种子（种仁）。在食用部分的外面有坚硬的壳，所以又称为壳果或干果。例如栗、核桃、山核桃、榛、银杏等。

6. 热带及亚热带水果

本类水果有香蕉、菠萝、龙眼、荔枝、橄榄、枇杷、椰子、芒果、阳桃等。

7. 什果类

本类水果有枣、柿子、无花果。

10.2.3 果蔬冷链物流流程

1. 果蔬采摘

果蔬采摘后，虽然已经离开植株，但仍是生命的有机体，具有生命活动，主要有呼吸作用、蒸腾作用以及微生物作用。这些是引起果蔬采摘后腐败的主要原因。由此可见，果蔬采摘后，对其进行适当的处理是保鲜的重要措施。

2. 预冷

在储藏和运输之前将品温降低，被称为预冷。采用预冷的方式，降低果蔬的品温，可以有效减缓呼吸作用、蒸腾作用以及微生物作用对果蔬采摘后腐败的影响。科学试验和生产实践已经证明，采收后的果蔬预冷越及时，后熟作用和病害发展越慢，新鲜度保持越好。当然，不是温度越低越好，不同的果蔬有不同的温度要求和限度。目前，果蔬预冷的方法有真空预冷、冷水预冷、空气预冷和冰预冷四种方法。

3.速冻加工

速冻是一种快速冻结的低温保鲜法。所谓速冻果蔬，就是将经过处理的果蔬原料，例如草莓、黑莓、黄桃丁、苹果丁、地瓜、胡萝卜、土豆、芋仔、菠菜、黄秋、青椒、洋葱、辣椒丁、青刀豆、甜豌豆、荷兰豆、白花菜、绿花菜等，采用快速冷冻的方法，使之冻结，然后在-18~-20℃的低温下保存待用。速冻保藏，是当前果蔬加工保藏技术中，能最大限度地保存其果蔬原有风味和营养成分的方法。

（1）选料。加工速冻果蔬的原料要充分成熟，色、香、味能充分显现，这就需要采用质地坚脆，无病虫害、无霉烂、无老化枯黄，无机械损伤的新鲜果蔬。最好能做到当日采收，及时加工，以保证产品质量。

（2）清洗。采收的果蔬一般表面都附有灰尘、泥沙及污物，为保证产品符合食品卫生标准，冻结前必须对其进行清洗。

（3）切分。一般蔬菜可切分成块、片、条、丁、段、丝等形状，要求薄厚均匀，长短一致，规格统一。浆果类的品种一般不切分，只能整果冻，以防果汁流失。

（4）烫漂。目的是抑制其酶活性、软化纤维组织，去掉辛辣涩等味，以便烹调加工。速冻蔬菜也不是所有品种都要烫漂，要根据不同品种区别对待。

（5）沥水。切分后的蔬菜，无论是否经过烫漂，其表面常附有一定水分，若不除掉，在冻结时很容易形成块状，既不利于快速冷冻，又不利于冻后包装，所以在速冻前必须沥干。

（6）快速冷冻。沥干后的蔬菜装盘或装筐后，需要快速冻结。力争在最短的时间内，使菜体迅速通过冰晶形成阶段（-25~-35℃）才能保证速冻质量。

（7）包装。包装是储藏好速冻果蔬的重要条件。其作用是防止果蔬因表面水分的蒸发而形成干燥状态；防止产品在储藏中因接触空气而氧化变色；防止大气污染（尘、渣等），保持产品卫生；便于运输、销售和食用。

4.冷藏

降低温度，可以使果蔬的呼吸作用、水分蒸发作用减期，营养成分的消耗减少。因此，适当的冷藏条件（温度和湿度）对于果蔬的保鲜是非常必要的。通常，果蔬的冷藏温度在0℃左右，湿度保持在85%~95%。但是，由于果蔬的种类不同，对温度和湿度的要求也有区别。

5. 运输

目前，我国铁路、公路、水路和空运等各种运输方式均被采用在果蔬的运输中，它们优势互补，已逐渐形成较为完整的运输网络，加快了果蔬的运输速度，降低果蔬在运输中的腐败与损耗，同时，还要加强果蔬的运输管理，尽量维持运输中的恒温，防止温度波动，避免温度过低，果蔬受冻，也要避免温度过高，引起腐败。

6. 销售

处于特定温度环境下进行销售，果蔬的冷链销售主要通过超级市场。

任务3 肉类冷链物流

10.3.1 肉类分类

目前肉类市场上销售的生肉主要有三种：热鲜肉、冷冻肉和冷鲜肉。其中，热鲜肉、冷冻肉是我国居民主要食用的肉类产品，而伴随着冷鲜肉在北京、上海、广州等大中城市的出现，我国肉类消费结构逐渐形成"热鲜肉广天下，冷冻肉争天下，冷鲜肉甲天下"的三分天下的格局。

1. 热鲜肉

热鲜肉是指宰杀后未经任何加工程序就在市场上出售的肉。它的保质期只有1～2天，由于热鲜肉一直在自然温度下生产、流通，肉质粗硬、嫩度差、风味也欠缺，易发生污染。同时，热鲜肉未经预冷，肉温持续较高，极易滋生细菌，造成肉质腐败。传统上，消费者都认为这种猪肉才新鲜，其实是一个误区。

2. 冷鲜肉

冷鲜肉也叫冷却肉，是严格执行检疫制度屠宰后的畜胴体，在-20℃的条件下，迅速进行冷却处理，使胴体温度在24小时内由38℃左右降为0～4℃，并在后续的加工、流通和分销过程中始终保持在0～4℃冷藏范围的冷链中。冷鲜肉在风味、营养和口感等方面比热鲜肉和冷冻肉好一些，也符合卫生、安全的原则，但因为制作成本昂贵，价格比热鲜肉普遍高出15%～60%。冷鲜肉具有安全卫生、肉嫩味美、便于切割等优点，较能赢得消费者特别是收入较高阶层的认同。冷鲜肉是生肉消费的发展方向。目前，发达国家的超级市场里基本上都是冷鲜肉。中国少数大型肉类加工企业，如双汇、金锣、雨润等已经开设肉类连锁店，大批量生产销售冷鲜肉。

3. 冷冻肉

冷冻肉是指宰杀后的畜禽肉，经预冷后，在-18℃以下速冻，使深层温度达-6℃以下的肉。冷冻肉虽然细菌较少，吃着比较安全，但在食用前需要解冻，会导致大量营养物质流失。

10.3.2 肉类冷链物流流程

1. 畜禽屠宰

这个过程包括对畜禽的检验、冲淋和屠宰。

2. 冷却加工

对屠宰后的胴体进行快速冷却，并在低温环境下进行精细分割加工。

3. 包装

对于长期储藏、出口和远销的冷冻肉经整形、包装后装箱低温（-25℃）冻结。对于冷鲜分割肉，将肉体温度冷却到4℃进行包装，严格控制微生物的繁殖。

4. 冷藏

低温储藏能抑制微生物的生命活动，延缓组织酶、氧以及光和热的作用，可以较长时间保持肉的品质。冻藏温度通常在-18℃左右，并且保持恒温，相对湿度在95%~100%。

5. 运输

冷冻肉的运输主要采用冷藏汽车、冷藏船、冷藏列车或冷藏集装箱。冷鲜肉多用冷藏保温车配送。温度恒定在0~4℃，实现门到门的快速运输。

6. 销售

低温环境下进行销售。

10.3.3 肉的解冻

肉的解冻是将冻结肉类恢复到冻前的新鲜状态。解冻过程实质上是冻结肉中形成的冰结晶还原融解成水的过程，所以可视为冻结的逆过程。在实际工作中，解冻的方法应根据具体条件选择，原则是既要缩短时间又要保证质量。

1. 空气解冻法

将冻肉移放在解冻间，靠空气介质与冻肉进行热交换来实现解冻的方法。一般在0~5℃空气中解冻称缓慢解冻，在15~20℃空气中解冻叫快速解冻，肉装入解冻间后温度先控制在0℃，以保持肉解冻的一致性，装满后再升温到15~20℃，相对湿度为70%~80%，经20~30小时即解冻。

2. 水解冻

把冻肉浸在水中解冻，由于水比空气传热性能好，解冻时间可缩短，并且由于肉类表面有水分浸润，可使重量增加。但肉中的某些可溶性物质在解冻过程中将部分失去，同时水解冻的方式可分静水解冻和流水解冻或喷淋解冻。对肉类来说，一般采用较低温度的流水缓慢解冻为宜，在水温高的情况下，可采用加碎冰的方法进行低温缓慢解冻。

3. 蒸汽解冻法

将冻肉悬挂在解冻间，向室内通入水蒸气，当蒸汽凝结于肉表面时，则将解冻室的温度由4.5℃降低至1℃，并停止通入水蒸气。此方法，肉表面干燥，能控制肉汁流失使其较好地渗入解冻。

任务4 水产品冷链物流

10.4.1 海水产品分类

（1）海水鱼类。

包括大黄鱼、小黄鱼、黄姑鱼、白姑鱼、带鱼、鲳鱼、鲐鱼、鲈鱼、鲱鱼、蓝圆（鱼参）、石斑鱼、沙丁鱼、海鳗、鲨鱼、金线鱼和其他海水鱼类。

（2）海水虾类。

包括东方对虾、日本对虾、长毛对虾、班节对虾、吉对虾、宽沟对虾、鹰爪虾、白虾、毛虾、龙虾和其他海水虾类。

（3）海水蟹类。

包括梭子蟹、青蟹、其他海水蟹类。

（4）海水贝类。

包括鲍鱼、泥蚶、毛蚶（赤贝）、魁蚶、贻贝、红螺、香螺、玉螺、泥螺、栉孔扇贝、海湾扇贝、牡蛎、文蛤、杂色蛤、青柳蛤、大竹蛏和其他海水贝类。

（5）其他海水动物。

有墨鱼、鱿鱼、章鱼等。

10.4.2 淡水产品分类

（1）淡水鱼类。

包括青鱼、草鱼、鲢鱼、鳙鱼、鲫鱼、鲤鱼、鲮鱼、鲑（大马哈鱼）、鳜鱼、团头鲂、长春鳊、鲂（三角鳊）、银鱼、乌鳢（黑鱼）、鲶鱼、鲈鱼、黄鳝、罗非鱼、虹鳟、鳗鲡、鲟鱼、鳇鱼等。

（2）淡水虾类。

包括日本沼虾、罗氏沼虾、中华新米虾、秀丽白虾、中华小长臂虾等。

（3）淡水蟹类。

包括中华绒螯蟹和其他淡水蟹类。

（4）淡水贝类。

包括中华田园螺、铜锈环棱螺、大瓶螺、三角帆蚌、褶纹冠蚌、背角无齿蚌、河蚬等。

（5）其他淡水动物。

包括鳖（甲鱼）、牛蛙、棘胸蛙、蜗牛。

10.4.3 水产品冷链物流流程

水产品流通过程中，除了活鱼运输外，要用物流方法或化学方法延缓或抑制其腐败变质，保持其新鲜状态和品质。其中，非常重要的保鲜方法是水产品冷链物流的运用。

1. 捕捞

水产品从捕捞起，就应该重视保鲜问题，主要是及时进行预冷。同时，水产品捕捞上来后，要用清洁的水清洗水产品体表，以最大限度地限制微生物对水产品体面的污染。

2. 预冷

实验证明，在鱼类离开水面时立即设法使它死亡，它的僵硬时间要比经过长期挣扎后死亡的鱼要迟，有利于鱼体鲜度的保持。因此，水产品捕捞后，应立即进行快速冷却，使水产品体表中液体温度接近冰点。

3. 包装

水产品包装的主要目的是防止水分的蒸发，防止细菌的二次污染，防止产品脂肪的氧化，防止气味的污染，防止产品滴汁。

4. 冷藏

对不同水产品有不同的储存温度，温度越低、保藏期越长、质量越好。储存温度不得高于-18℃。现在国际上采用-24℃可较低温度保存，并保持相对湿度95%～100%。

5. 运输

对于鲜活水产品的运输来说，运输方法主要有淋水运输、帆布桶运输、塑料袋包装运输。而水产品冷链运输方法主要有以下两类。

(1) 干运。

又称无水运输，是将鱼虾冷却到暂停生命活动的温度，然后脱水运输，到达目的地后，再将鱼虾放入水中，让它们重新苏醒过来。在脱水状态下，其生命可以维持24～40小时。这种方法不仅使鱼虾的鲜活度大大提高，而且节省运费，是一种较理想的运输方法。

(2) 采用专用绝热的冷冻运输箱运输。

6. 销售

在特定的低温环境下进行销售。

任务5　农产品冷链物流质量管理

10.5.1　物流质量的内容

物流质量的概念既包含物流对象质量，又包含物流手段、物流方法的质量，还包含工作质量，因而是一种全面的质量观。物流质量包括以下几方面的内容。

1. 商品质量保证及改善

物流的对象是具有一定质量的实体，即有合乎要求的等级、尺寸、规格、性质、外观。这些质量是在生产过程中形成的，物流过程在于转移和保护这些质量，最后实现对用户的质量保证。然而，现代物流过程不单是消极地保护和转移物流对象，还可以采用流通加工等手段改善和提高商品的质量。可见，物流过程在一定意义上说也是商品质量的"形成过程"。

2. 物流服务质量

物流业的服务性质决定了整个物流的质量目标就是其服务质量。服务质量因不同用户的要求各异，因此要掌握和了解用户要求，如商品狭义质量的保持程度，流通加工对商品质量的提高程度，批量及数量的满足程度，配送额度、间隔期及交货期的保证程度，配送运输方式的满足程度，成本水平及物流费用的满足程度，相关服务（如信息提供、索赔及纠纷处理）的满足程度。

3. 物流工作质量

工作质量是指物流各环节、各工种、各岗位的具体工作质量。物流服务质量水平取决于各个工作质量的总和。所以，工作质量是物流服务质量的某种保证和基础。重点抓好工作质量，物流服务质量也就有了一定程度的保证。

4. 物流工程质量

物流质量不但取决于工作质量，还取决于工程质量。在物流过程中，将对产品质量发生影响的各因素（人的因素、体制因素、设备因素、工艺方法因素、计量与测试因素、环境因素等）统称为"工程"。很明显，提高工程质量是进行物流质量管理的基础工作，能提高工程质量，就能做到"预防为主"的质量管理。

10.5.2 物流质量管理的特点

1. 物流质量管理的对象全面

物流质量管理不仅涉及物流对象本身，而且还需要对工作质量和工程质量进行管理，最终对成本及交货期起到管理作用。

2. 物流质量管理的范围全面

物流质量管理对流通对象的运输、储存、包装、装卸搬运、配送、流通加工等若干过程进行全过程的质量管理，同时又是对产品在社会再生产全过程中进行全面质量管理的重要一环。在这一全过程中，必须一环不漏地进行全过程管理才能保证最终的物流质量，达到目标质量。

3. 全员参与管理

要保证物流质量，就涉及相关环节的所有部门和所有人员，绝不是依靠哪个部门和少数人能搞好的，必须依靠各个环节中各部门和广大职工的共同努力。物流管理的全员性，正是物流的综合性、物流质量问题的重要性和复杂性所决定的，它反映了质量管理的客观要求。由于物流质量管理存在"三全"特点，因此，全面质量管理的一些原则和方法（如PDCA循环），同样适用于物流质量管理。但应注意，物流是一个系统，在系统中各个环节之间的联系和配合是非常重要的。物流质量管理必须强调"预防为主"，明确"事前管理"的重要性，即在上一道物流过程就要为下一道物流过程着想，估计下一道物流过程可能出现的问题，预先防止。

10.5.3 物流质量管理的要求

物流质量管理必须满足两方面的要求，一方面是满足生产者的要求，因为物流的结果，必须保证生产者的产品能保质保量地转移给用户；另一方面是满足用户的要求，即按用户要求将其所需的商品送交给用户。这两方面的要求基本上是一致的，但有时也有矛盾。如过分强调满足生产者的要求，使商品以非常高的质量保证程度送交用户，有时会出现用户难以承担的过高的成本。物流质量管理的目的，就是在"满足用户的服务需求"和"以最经济的手段提供服务"两者之间找到一条优化的途径，同时满足这两个要求。为此必须全面了解生产者、消费者、流通者等各方面的要求，找出各方面都能接受的真正合理的要求，作为管理的具体目标。从这个意义上讲，物流质量管理可以定义为：用经济的力法向用户提供满足其要求的物流质量的手段体系。

10.5.4 农产品冷链物流全过程的质量管理

1. 建立农产品冷链物流运作的保证体系

农产品冷链物流运作的保证体系包括硬件保证体系和软件保证体系。

（1）硬件保证体系。这是冷链的硬件保证条件之一。发展和建设冷链应该有合适的冷藏库，有专业生产企业，能生产质优价廉的速冻装置和冷藏、保温车、冷藏集装箱、冷藏柜、解冻装置以及与生产冷冻食品相关的辅助设备。

（2）软件保证体系。主要是指农产品冷链物流企业要建立一整套的冷链物流作业指导书、安全管理制度和质量管理制度等规章制度，也包括要有专业化的冷链管理与操作人才和相应的培训体系。

2. 加工过程应遵循"3C"原则和"3P"原则

（1）"3C"原则。"3C"原则是指冷却（Chilling）、清洁（Clean）、小心（Care）。也就是说，要保证产品的清洁不受污染；要使产品尽快冷却下来或快速冻结，尽快地进入所要求的低温状态；在操作的全过程中要小心谨慎，避免产品受任何伤害。

（2）"3P"原则。"3P"原则是指原料（Products）、加工工艺（Processing）、包装（Package）。要求被加工原料定要用品质新鲜、不受污染的产品，采用合理的加工工艺，成品必须具有既符合健康卫生规范又不污染环境的包装。

3. 储运过程应遵循"3T"原则

"3T"原则是指产品最终质量还取决于在冷藏链中储藏和流通的时间（Time）、温度（Temperature）、产品耐藏性（Tolerance）。"3T"原则指出了冻结食品的品质保持所容许的时间和品温之间存在的关系。冻结食品的品质变化主要取决于温度。冻结食品的品温越低，优良品质保持的时间越长。如果把相同的冻结食品分别放在-20℃和-30℃的冷库中，则放在-20℃的冻结食品其品质下降速度要比-30℃的快得多。"3T"原则还告诉我们，冻结食品在流通中因时间和温度的变化而引起的品质降低具有累积性和不可逆性，因此应该对不同的产品品种和不同的品质要求，提出相应的品温和储藏时间的技术经济指标。

在储运过程中，加强冷库和冷藏运输工具的质量管理工作是这个环节的关键。保证冷库和运输工具等设施与设备的正常运作、严格按照冷库操作流程和规范行物流作业、保证运输安全和车上冷货安全是保证冷链物流质量的重中之重。

4. 质量检查要坚持终端原则

最适合冷链农产品市场经济运行规律的办法，应以感官检验为主。从外观、触摸、气味等方面判定农产品的鲜度、品质及价位，坚持终端原则。

不管冷藏链如何运行，最终质量检查应该是在冷藏链的终端，即应当以到达消费者手中的冷链农产品的质量为衡量标准。

10.5.5 农产品冷链物流的发展趋势

1. 我国农产品冷链物流发展的背景

（1）中共中央、国务院重视农产品冷链物流。2018年1月2日，《中共中央国务院关于实施乡村振兴战略的意见》指出：重点解决农产品销售中的突出问题，加强农产品产后分级、包装、营销，建设现代化农产品冷链仓储物流体系，打造农产品销售公共服务平台，支持供销、邮政及各类企业把服务网点延伸到乡村，健全农产品产销稳定衔接机制，大力建设具有广泛性的促进农村电子商务发展的基础设施，鼓励支持各类市场主体创新发展基于互联网的新型农业产业模式，深入实施电子商务进农村综合示范，加快推进农村流通现代化。

（2）商务部开始"农产品冷链流通标准化示范城市"建设。商务部2018年1月公布了4个"农产品冷链流通标准化示范城市"：厦门市、成都市、潍坊市、烟台市。商务部公布了"农产品冷链流通标准化示范企业"（9家）：山东中凯兴业贸易广场有限公司、山东喜地实业有限公司、家家悦集团股份有限公司、希杰荣庆物流供应链有限公司、山东宏大生姜市场有限公司、神州姜窖农业集团有限公司（原名称：潍坊艺德龙生态农业发展有限公司）、青海省三江集团商品储备有限责任公司、青海绿草源食品有限公司、新疆海联三邦投资有限公司。商务部在2016年以来在10个城市进行冷链物流试点，2018年1月在青海举行了农产品冷链物流城市试点现场会。

（3）农业部开展"农产品质量年"活动。农业部建设100个果菜茶全程绿色标准化生产示范基地，100个现代化示范牧场，500个以上水产健康养殖场。质量监测覆盖全国150个大中城市基地和市场的5大类产品110个品种。选择10个省份开展追溯示范试点。继续加强322个农产品质量安全县建设。在100个果菜茶生产大县大市开展有机肥替代化肥试点，在150个县开展果菜茶病虫全程绿色防控试点，在200个生猪、奶牛、肉牛养殖大县推进畜禽粪污资源化利用，150个县开展秸秆综合利用试点，在100个县开展农膜回收试点。发布加快推进品牌强农的指导意见，指导各地有序开展农业品牌建设。再创建100个主要农作物全程机械化示范县。

（4）继续加快农产品冷链标准化建设。国家发改委、农业部、商务部、国家标准委、各地政府、各行业协会将继续加快农产品冷链物流的标准化建设。2018年3月北京市商务委完成了北京市地方标准《食品冷链宅配服务规范》（以下简称"规范"）制定、征求意见，将发布"规范"，该"规范"对冷链宅配的易腐食品贮藏温湿度要求进行了明确的规定。精准于家庭服务的生鲜宅配正备受消费者青睐，对需要冷链配送商品在存储、配送、出库等环节制定严格的温度标准，就成为当务之急的举措。提供宅配服务的企业多以生鲜品类为主，而生鲜对温度极为敏感，相应的"规范"出台后为企业提供统一的衡量与执行与标准，有利于企业把控冷链商品的品质。

2. 我国农产品冷链物流的发展趋势

①农产品电商网上网下融合化趋势；②生鲜冷链物流标准化趋势；③各类冷链物流发挥多功能趋势；④农产品冷链物流品牌化趋势；⑤农产品冷链物流全渠道趋势；⑥农产品冷链国际化趋势，多趟中欧农产品冷链班列开通；⑦农产品冷链物流智能化趋势；⑧农产品冷链物流绿色化趋势，绿色冷链包装盒在全国推广；⑨农产品冷链物流社区化趋势；⑩农产品冷链物流法制化趋势。

 项目案例分析

双汇：打造中国冷链物流第一品牌

双汇物流公司成立于2003年，注册资金7 000万元，总部位于河南省漯河市。双汇物流由于运送及时，管理科学，先后被中国物流与采购联合会授予"国家AAAA级物流企业"等称号，是国内最大的专业化公路冷藏物流公司之一。

双汇物流以发展冷链物流为核心，完善的冷藏物流全产业链，打造中国冷链物流第一品牌作为发展战略，以规模优势、网络优势、资金优势作为强大支持，凭借现代物流信息技术平台，为客户提供优质、高效、安全、快捷的物流服务。

双汇物流以"构建专业物流体系、打造知名物流品牌"经营理念，成功实现了由企业物流向第三方物流企业的转变。公司利用自身网络优势为客户提供了门到门、点到点的运输、分销和配送服务，与国内外知名的肉类、乳品、冷饮、快餐、商业连锁、医药、果蔬、花卉等企业建立了良好的长期战略合作关系。

双汇物流自有冷藏车辆1 420台、常温运输车辆205台；整合社会冷藏车辆2 000台、常温车辆800台，总运能达12 000吨以上。公司拥有温控仓库资源约23万吨，常温、配送库20万平方米；6条铁路专用线，分布在阜新、内蒙古、漯河、金华、四川等地，具有规模化的冷藏货物储存、仓储环节产品加工和分装及冷藏车源调控能力。打造出"从源头到终端"的全程食品安全监控体系，做到"源头有保障，全程有冷链"。所有冷藏车辆全部采用进口制冷设备,可以根据产品所需温度先行设定,保障产品在途恒温运输。同时,为有效监督车辆送货途中冷链运行状况,所有车辆安装了温度跟踪仪;通过温度跟踪仪反馈的数据,对产品在途温度控制做到了全程监控;并通过物流ERP系统、车辆GPS定位系统等物流配送管理平台,做到冷链物流科学管理,冷藏车辆实时控制。

双汇物流网络遍及全国各地,在广东、湖北、河南、山东、北京、辽宁、江苏、四川、黑龙江、上海、内蒙古、芜湖、南宁等地投资成立了18家省级区域性冷藏物流公司,并具有县级以上城市日配物流网络,已经形成了长途运输与区域仓储、配送交织分布的大物流网络格局。双汇冷鲜肉通过双汇物流,及时把新鲜肉品送至全国各地。

双汇物流还获得了多项殊荣:AAAA级物流企业、中国物流百强企业、中国食品物流信息化建设标杆企业、中国冷链产业杰出贡献企业、全国食品物流定点企业、中国食品物流50强企业、中国优秀农产品冷链物流企业、中国冷链物流金牌服务商、河南省物流十强企业、河南省最佳服务质量企业、河南省诚信经营示范企业。

(资料来源:http://finance.sina.com.cn/roll/20111217/035611010569.shtml)

辩证性思考

双汇物流如何打造中国冷链物流第一品牌?

项目检测

知识目标检测

1. 农产品冷链物流的特点是什么?
2. 简述农产品冷链的构成要素。
3. 农产品冷链物流的主要模式有哪些?
4. 简述果蔬冷链物流的流程。
5. 简述肉类冷链物流的流程。
6. 简述水产品冷链物流的流程。
7. 简述农产品冷链物流全过程质量管理的内容。

能力目标检测

检测项目:选择不同类型的农产品企业,对该企业进行果蔬冷链物流、肉类冷链物流和水产品冷链物流的分析。

检测目的：通过检测，进一步熟悉、掌握农产品冷链物流知识与流程，能够进行农产品冷链物流的分析。

检测要求：由班级学习委员组织全员分团队对农产品企业冷链物流模式进行分析讨论，教师进行评价。

参考文献

[1] 梁智慧,路志成.农产品物流[M].北京:中国农业出版,2014.

[2] 张天琪.农产品物流管理[M].北京:中国财富出版社,2013.

[3] 张敏.农产品物流与运营实务[M].北京:中国物资出版社,2009.

[4] 毛艳丽,李升全.物流基础[M].北京:高等教育出版社,2015.

[5] 李建春.农产品冷链物流[M].北京:北京交通大学出版社,2014.

[6] 郭永召,陈中建.农产品电子商务教程[M].北京:中国农业科学技术出版社.2016.

[7] 刘志,耿凡,徐健剑.互联网+现代农业[M].北京:中国农业科学技术出版社,2015.

[8] 周晓光,杨萌柯.互联网物流[M].北京:中央广播电视大学出版社,2016.

[9] 周洁红,许莹.农产品供应链与物流管理[M].杭州:浙江大学出版社,2017.